El fatalismo trágico en *Abel Sánchez* y *Amor y Pedagogía* de Miguel de Unamuno

COL·LECCIÓ POLYEIDEIA 7

Monografies de Filologia grega i llatina

Edicions de la Universitat de Lleida

La Col·lecció Polyedeia (CPOL) publica un o dos volums cada any. Els originals no sol·licitats s'enviaran a dos membres del Comité Científic i a un del Consell Editorial, per tal de procedir a la seva publicació una vegada aprovada la mateixa. CPOL mantindrà intercanvi amb altres publicacions periòdiques que continguin aportacions científiques originals vinculades amb l'àmbit dels estudis de Filologia Clàssica.

The Polyedeia Collection (CPOL) publishes one or two volumes each year. Unsolicited originals must be sent to two members of the Scientific Committee and one of the Editorial Board, in order to proceed with their publication once it has been approved. CPOL will maintain exchanges with any periodical publication that contains original scientific contributions linked to the field of Classical Philology studies.

El fatalismo trágico en
Abel Sánchez y *Amor y Pedagogía*
de Miguel de Unamuno

Lydia Ahufinger Vicente

Prólogo de Josep Antoni Clua

Edicions de la Universitat de Lleida
Lleida, 2024

Universitat de Lleida. Biblioteca i Documentació. Dades CIP

Ahufinger Vicente, Lydia

El fatalismo trágico en Abel Sánchez y Amor y Pedagogía de Miguel de Unamuno / Lydia Ahufinger Vicente ; Prólogo de Josep Antoni Clua. – Lleida : Edicions de la Universitat de Lleida, maig de 2024. – 85 pàgines ; 24 cm. – (Polyeideia ; 7).
ISBN 978-84-9144-496-1

I. Clua, Josep Antoni, escriptor d'un pròleg – 1. Unamuno, Miguel de, 1864-1936 – Crítica i interpretació – 2. Unamuno, Miguel de, 1864-1936 – Crítica i interpretació

821.134.2Unamuno, Miguel de

Amb la col·laboració de:

Aquest volum ha estat publicat en el marc del Projecte de Recerca R+D+I PID2021-123138NB-I00, finançat per l'Agència Estatal de Recerca (Ministeri de Ciència i Innovació MCIN/AEI/10.13039/501100011033/ i «FE fer Europa»).

Col·lecció Polyeideia, dirigida per Josep Antoni Clua

Primera edició: maig de 2024

Il·lustració de coberta: Joel Adam Arnedo Leyva
Maquetació: Edicions i Publicacions de la Universitat de Lleida

ISBN 978-84-9144-496-1
DL L 388-2024
Impressió: Service Point

Índice

Don Miguel de Unamuno en el balcón de su casa de la calle Bordadores con el palacio de Monterrey al fondo. Fotografía de Cándido Ansede, c.1933.

Prólogo

Un prólogo es un texto que prepara al lector para la historia que va a leer. Agrega algún tipo de información relevante, opinión o visión que pueda ser de alguna utilidad para el lector. Pues bien, el presente libro es el resultado de un trabajo de final de grado que obtuvo la máxima calificación a cargo de Lydia Ahufinger. El trabajo fue defendido en junio de 2023 en la Facultad de Letras de la Universidad de Lleida y tuve el honor de poder dirigirlo como tutor. Pretende ofrecer una visión objetiva sobre la pervivencia de algunos conceptos trágicos de la literatura clásica griega en dos obras de Miguel de Unamuno, a saber, *Amor y Pedagogía* (1902) y *Abel Sánchez* (1917). Además, se examina la estructura narrativa de ambas *nivolas* así como las conexiones temáticas entre ellas. En suma, se acaba por delimitar la intención catártica bajo la que el autor bilbaíno crea y dirige estas obras a su lector, siempre bajo la reflexión filosófica de la contradicción en el ser humano de las fuerzas de la pasión y la racionalidad. Al mismo tiempo, el trabajo trata la posible influencia platónica y freudiana en su uso del *daimon*, como *tópos* de origen grecolatino. Con todo, se analiza el concepto "razón detrás del fatalismo trágico" que envuelve las historias de Avito Carrascal y Joaquín Monegro.

Una parte del trabajo ya ha sido publicado en forma de artículo en *Tropelías* (Núm. 41, 2024) y en otros trabajos futuros que esperamos que vean la luz en breve. El trabajo se divide en tres capítulos y unas conclusiones. Su autora, licenciada en Filología Hispánica, y yo mismo queremos agradecer las anotaciones de los miembros del tribunal que juzgaron dicho trabajo, los Dres. Julián Acebrón (Filología hispánica) y Matías López (Filología latina), ambos de la Universidad de Lleida, por su *akríbeia*.

También deseamos agradecer a Eduard Batlle i Pomar, antiguo profesor de secundaria de Lydia Ahufinger, porque, ante sus dudas filosóficas, le habló de Platón y Freud. También al citado Matías López López, catedrático de Filología latina en la Universidad de Lleida, por su predisposición para consultarle sobre el *daimon* y el *genius* latino y por asentar el principio de que "la clase de gramática es la clase de lógica y la clase de literatura puede ser la clase de filosofía", que nuestra autora acabó redescubriendo en boca de don Miguel.

Por mi parte, solo puedo atribuirme el mérito de haberle proporcionado la oportunidad de trabajar conmigo sobre este filósofo, que también fue filólogo (y filólogo clásico), así como el haber estado a la espera de sus dudas sobre la tragedia griega. También, por supuesto, como director de la Colección Polyeideia, la lectura en forma detallada de la obra que ahora presenta para su publicación, también por sugerencia mía. Le aconsejé también, a lo largo del proyecto, como un *daimon,* que no se desviase del camino filológico por el filosófico, requisito que cumplió a la perfección.

Este libro ofrece un análisis lúcido y revelador (poco habitual en una investigadora que acaba de concluir su grado universitario) de un tema espinoso y muy poco trabajado, como es el del fatalismo trágico en dos obras de Unamuno. Exhorto a la autora a que siga trabajando en la indagación en el siempre acuciante, insidioso y desconcertante tema de las influencias y de la tradición clásica.

Queremos dar la bienvenida a este opúsculo sobre el gran filósofo español perteneciente a la generación del 98, en cuya obra hallamos gran variedad de géneros literarios como novela, ensayo, teatro y poesía. Si el centro de la filosofía unamuniana es el deseo de inmortalidad, no cabe duda de que el fatalismo trágico, estudiado magistralmente en esta obra que prologamos de fácil lectura, cabe vincularlo con este anhelo. En Unamuno, como podrá constatar el lector, la voluntad no se resigna, luchando desesperadamente contra la razón.

Josep Antoni Clúa Serena
Catedrático de Filología griega
Director de la Col·lecció *Polyeideia* - UdL
Universidad de Lleida

Prefacio

Con la presente publicación, he querido profundizar en la obra del autor bilbaíno así como en la tragedia clásica griega por las inquietudes que me surgieron tras la lectura espontánea del difícilmente clasificable ensayo *Cómo se hace una novela* (1924-1927) y los títulos narrativos *nivolescos* de don Miguel de Unamuno. Su cruce de literatura y filosofía existencialista cautivó mi interés, y quise comprender por qué sus *nivolas* tenían finales tan trágicos. Esta duda me llevó al análisis de la influencia de los conceptos trágicos en su narrativa, inmersos en su pensamiento filosófico. Me dediqué al estudio de *Amor y pedagogía* (1902) y *Abel Sánchez* (1917), por parecerme dos historias trabajadas con los mismos hilos temáticos.

Mi metodología parte desde un aparato crítico sobre el género, un *corpus* trágico y una base de lecturas del autor recientemente leídas. Mi hipótesis parte de que don Miguel, como filósofo y escritor, contaba con la habilidad catártica de plantar la semilla de la duda en el lector, al presentar personajes cuyas acciones incurren en tal contradicción, que desconciertan al lector con una verdad iluminadora, al estilo del *daimon* socrático. Siendo la catarsis uno de los propósitos de los tragediógrafos griegos y teniendo en mente el fatalismo como *tópos*, que juzgué imprescindible de la tragedia, emprendí la lectura del *corpus* trágico y del aparato crítico sin saber exactamente qué iba a encontrar, pero teniendo claro que había escogido un tema poco estudiado, desde una perspectiva de pervivencia que iba a ser exigente. Esas fueron mis motivaciones y primeras hipótesis que llevaron al redactado actual.

En cuanto a la estructura, esta investigación está ordenada en tres secciones en conjunto con una introducción; en primer lugar, el análisis estructural y temático de *Abel Sánchez*; en segundo lugar, el análisis estructural y temático de *Amor y Pedagogía* y en tercer lugar, el análisis temático de rasgos que comparten ambas *nivolas*. Dentro de los análisis individuales, el segundo punto siempre intenta tratar una pequeña cuestión filosófica sin perder de vista mi campo de especialidad: la filología hispánica. Cabe decir que he partido decididamente de los enunciados emitidos por los personajes para poder valorar si encajan o no con el esquema de la tragedia clásica, o si se trata de una variante.

El primer apartado de los puntos individuales tiene como fin no solo la reflexión de la *hamartia* o error del héroe, que da como consecuencia la tragedia, sino también un resumen ilativo de subtemas conectados con las tragedias del *corpus* trágico. En el tercer punto, se pondera la *katastrophé* o caída del héroe, así como la figura del *daimon* o demonio y, por último, el *phóbos* al destino como motor de ambas tragedias. Finalmente, se añaden las conclusiones, el apéndice y la bibliografía. Se incluye, además, un listado de los términos trágicos utilizados durante el estudio para su consulta. Y una antología de textos relativos al tema de corta extensión.

I. Introducción

A. Una aproximación a Unamuno, filósofo del 98

> *Si tu vida, lector, no es una novela, una ficción divina, un ensueño de eternidad, entonces deja estas páginas, no me sigas leyendo. No me sigas leyendo porque me te indigestaré y tendrás que vomitarme sin provecho ni para mí ni para ti.*
>
> Miguel de Unamuno[1]

Miguel de Unamuno (1864-1936) estuvo a lo largo de su vida en una lucha interior entre la fe[2] y la razón; una dialéctica que le despertaba tormentosamente. Fue una figura apreciada por unos y detestada por otros por su espíritu irreverente, contradictorio e inconformista: "[...] un auténtico agitador de conciencias, que empleó el arte de la provocación como arma para despertar del sueño de la inconsciencia"[3]. Mezclando realidad y ficción, dio un remarcable salto metanarrativo con *Niebla* (1914), aunque ya desde *Amor y Pedagogía* (1902) dio que pensar con la cuestión del *theatrum mundi,* cuyo referente mínimo es el autor[4] que confecciona sus personajes y cuyo referente máximo es Dios: "La concepción fundamental es que el mundo es un teatro y que en él cada cual no piensa más que en la galería; que mientras cree obrar por su cuenta es que recita el papel que en la eternidad le enseñaron"[5]. Cosa que, por lógica, suprime el libre albedrío y deja los hechos como meros frutos de la Fortuna. Sin embargo, ya

---

1. Unamuno, 1977, p. 57.

2. Sobre el paso del catolicismo al agnosticismo o cristianismo heterodoxo véase Marías, 1953, pp. 165-185.

3. Villar, 2007, p. 239.

4. Aunque escribió en todos los géneros, no tuvo éxito en igual medida, por ejemplo, en la poesía. Sobre este tema véase Nozick, 1971, pp. 170-193 o véase Barea, 1952, pp. 37-58.

5. Gullón, 1964, p. 51.

veremos si se trata de una cuestión de determinismo *stricto sensu* o si el pensamiento de Unamuno va más allá.

Alejándose de las posibles críticas a su literatura, que evidentemente no logró esquivar, dio con el término *nivola*[6] para poner nombre a las novelas cuyo argumento se va haciendo, que no encajan en los esquemas tradicionales del género: *Amor y Pedagogía* (1902), *La tía Tula* (1907), *Niebla* (1914), *Abel Sánchez* (1917) y *San Manuel Bueno, mártir* (1931). Unamuno escribe tragedias en cuanto que escribe sobre el ser humano, cuya tragedia irremediable es el paso del tiempo y, en última instancia, la muerte:

> Estos días he leído Proust, prototipo de escritores y de solitarios y ¡qué tragedia la de su soledad! Lo que le acongoja, lo que le permite sondar los abismos de la tragedia humana es su sentimiento de la muerte, pero de la muerte de cada instante, es que se siente morir momento a momento, que diseca el cadáver de su alma, y ¡con qué minuciosidad! ¡A la rebusca del tiempo perdido! Siempre se pierde el tiempo. Lo que se llama ganar tiempo es perderlo. El tiempo: he aquí la tragedia[7].

Recupera el tema virgiliano[8] del *tempus fugit* y procederá como Séneca, con las diferencias evidentes; intentando despertar al hombre ocupado en el ocio, al hombre que ha dejado de pensar y de mirar dentro de sí mismo: "Advertía que, con demasiada frecuencia, el ser humano huye, corre y se enreda en un activismo febril, con tal de no «sentirse a sí mismo», con tal de eludir lo más intenso e íntimo, por el esfuerzo que exige llegar a ello"[9].

Unamuno entiende también la tragedia humana como una batalla o *agonía* entre el sentimiento (*páthos*) y la razón (*gnosis*): "[…] En Unamuno, ambas potencias epistémicas se oponen y contradicen radicalmente entre sí, y es precisamente esta oposición en la contradicción lo que provoca la tragedia de la existencia en el hombre

---

6. Esta es la definición de Unamuno de las *nivolas*: "Relatos dramáticos acezantes, de realidades íntimas, entrañadas, sin bambalinas ni realismos en que suele faltar la verdadera, la eterna realidad, la realidad de la personalidad" (Unamuno, 2007, p. 52).

7. Unamuno, 1927, p. 83.

8. Aunque Horacio es conocido por este tópico, su origen está en Virg., *Geor.*, v. 284. (trad. de Tomás de la Ascensión Recio & Arturo Soler Puig, 1990, p. 338): "Pero huye entre tanto, huye el tiempo irrecuperable, mientras que del amor llevado me entretengo en cada por menor".

9. Villar, 2007, p. 240.

unamuniano"[10]. Añadiéndose la noción de que el hombre, como ser social y político, además de estar en lucha con sí mismo lo está contra el mundo, que tiene sus expectativas puestas sobre él[11].

Ese objetivo se enlaza con el gusto de Unamuno por un estilo y una estructura narrativa libre de ornamentos innecesarios, dejando sobre el papel la «tragedia desnuda», para que esta llegue al lector de la forma lo más realista posible[12]. Eso explica también su preferencia por el diálogo por encima de la descripción, siendo la misma acción la que nos defina al personaje, así como se dice que los hechos definen a las personas. Que sean los hechos y los dichos los que definan si es o no una cuestión de fatalismo trágico.

B. Qué define una tragedia clásica: *peripeteia, anagnorisis* y final trágico

Generalmente, la tragedia clásica presenta una *peripeteia* o premisa en que el protagonista sufre y conoce su desgracia (*lógon didónai*), dicho sufrimiento puede llevar a una *anagnórisis* ('reflexión'), o bien encaminarse hacia la *katastrophé* o mudanza radical del destino del héroe. El desenlace contiene una escena relativamente violenta como el suicidio, el exilio o el trauma psicológico, aunque nunca pudo ser vivamente explícita sobre la escena.

La obra trágica debe despertar en el espectador piedad (*éleos*) por la injusticia con que la fortuna trata a los personajes y cierto temor (*phóbos*) que culmina la *kátharsis*, es decir, el vuelco emocional deriva a una reflexión moral. Otra de las condiciones es que la tragedia sea irremediable, de lo contrario se le daría remedio. Así lo expone Goethe al canciller Von Müller en 1824: "Todo lo trágico se basa en un contraste que no permite salida alguna. Tan pronto como la salida aparece o se hace posible, lo trágico se esfuma"[13].

Sin embargo, Lesky deja claro con su comentario a través de las obras de los tres grandes tragediógrafos griegos, que no se trata solo de presentar un conflicto irreversible, sino que detrás de cada autor hay una concepción del mundo, una intencionalidad, un mensaje indirecto para con su audiencia. Lesky lo denominará el «efecto educador»

---

10. Maroco dos Santos, 2018, p. 179.

11. Unamuno, 1979, pp. 34-51.

12. Orringer, 1998, pp. 705-707.

13. Lesky, 1966, p. 42.

que surge, según Goethe, en las buenas obras de arte[14]. Lo cual nos remontaría a la primera de las cualidades de la obra artística según la *Poética* horaciana; *prodesse, delectare* y *movere* (vv. 333-346).

Otro de los conceptos es la cuestión de la *hybris* como la tara o vicio de un personaje, aquella cuestión por la que no es moralmente perfecto y, por tanto, con la que desafía la voluntad de los dioses y comete un error, mancha o falta (*hamartia*) que humaniza a los personajes:

> La existencia del hombre se halla, de parte de los dioses, amenazada constantemente por medio de aquella tentación a la *hybris*, a la soberbia, a la arrogancia, que, en forma de obcecación, de Ate (ceguera), sobreviene al ser humano [...] cuando hace que los dioses envíen los males, no de un modo arbitrario, sino siempre como consecuencia de una falta cometida.[15]

Esta respuesta reactiva de los dioses se manifiesta en la obra de Esquilo, pues para él no se trata de los fenómenos fatídicos cuanto de las enseñanzas de los dioses: "Aprender por medio del sufrimiento [...] obrando, cae el hombre en la culpa, toda culpa encuentra su expiación en el sufrimiento, pero el sufrimiento lleva al hombre a la comprensión, y la comprensión al conocimiento"[16] y en ese conocimiento acaba reconociendo la potencia divina y actuando prudentemente.

En cambio, de manera distinta trata la cuestión trágica en sus obras Sófocles, en la que la *katastrophé* sucede por el choque entre la voluntad humana y el destino como potencia imprevisible y superior[17]. Aquí, el hombre no se resigna a su destino, que desconoce completamente, pues los dioses no revelan sus planes, sino que siempre trata de luchar contra su designio; es eso o asumir la muerte inexorable, cosa que no está en los planes del héroe trágico[18]. En Esquilo no podemos hablar de destino sino de la potestad divina, en Sófocles sí[19]. El hombre no se rinde ante esa tensión de voluntades porque:

---

14. *op.cit.*, p. 65.

15. *ibidem*, p. 136.

16. *ibidem*, p. 157.

17. *ibidem*, pp. 211-213.

18. *ibidem*, pp. 195-197.

19. *ibidem*, p. 218.

El mundo de los que se resignan, de los que eluden la decidida elección, constituye el fondo ante el cual se encuentra el héroe trágico que opone su voluntad inquebrantable a la prepotencia del todo, e incluso en la muerte conserva íntegra la dignidad de la grandeza humana[20].

Como apunta Lesky, este cambio de perspectiva no anula la religiosidad de Sófocles frente a la de Esquilo, sino que parece un punto en la línea de pensamiento del distanciamiento entre el hombre y la divinidad que no hará sino avanzar con Eurípides y que se acabará culminando con la corriente epicúrea. Consecuentemente, Eurípides es aún más drástico con la contradicción de las pasiones, pues bebió de las antinomias de Protágoras:

[...] para Eurípides, completamente dentro del espíritu de la sofística, el verdadero centro de todos los acontecimientos es el ser humano [...] Por toda la obra del poeta discurre una lucha incesante, una búsqueda apasionada [...] se le aparecen los δισσοὶ λόγοι (*dissoì lógoi*), los aspectos contradictorios de las cosas[21].

De nuevo, Eurípides exime a la divinidad del poder absoluto; algunas decisiones solo están en manos de los hombres. Ya no se trata del *fatum* ético de Esquilo, hay una evolución importante en la intencionalidad del autor. Así, pasamos del adoctrinamiento divino al poder de la fortuna: "[...] la dirección metódica de los antiguos dioses es sustituida cada vez más por el poder del azar"[22].

---

20. *íbidem*, p. 219.

21. *op.cit.*, p. 257.

22. *íbidem*, p. 258.

I. *Abel Sánchez*

A. *Hamartia* de Joaquín Monegro

En *Abel Sánchez*, Unamuno recoge el mito bíblico de Abel y Caín y lo traslada a dos hermanos no de sangre, pero sí de costumbre. Siendo Joaquín Monegro y Abel Sánchez perfectos opuestos, encuentran sus diferencias desde la niñez. Helena, prima de Joaquín, acaba conquistando a Abel y se hacen novios, muy a pesar de nuestro Caín, que había mostrado interés por la joven. Se muestra esta Helena como un eco de la figura mítica de Helena de Troya, cuya belleza dio lugar al conocido conflicto bélico entre los troyanos y los aqueos. Y que promueve ahora el conflicto entre Joaquín, que tomaría el papel del rey Menelao, y Abel, que actuaría como el héroe Paris, a quien Afrodita favorece entregándole el amor de la compañera de otro hombre. La Helena mítica posee una belleza divina, la Helena unamuniana es modelo y musa incondicional del hermano pintor. De manera que, ambos protagonistas se distancian cada vez más a causa de este choque de intereses amorosos. En un principio, no parece que Abel tenga un odio explícito por Joaquín y al final de la novela tampoco, más bien se diría que la envidia es unidireccional. De hecho, es la fría Helena quien impide la reconciliación entre los hermanos, estando siempre en contra de Monegro:

> ABEL: —Tienes razón, Helena, no vamos a turbar nuestra felicidad pensando en lo que sienta y sufra por ella el pobre Joaquín.
> HELENA: —¿Pobre? ¡No es más que un envidioso!
> A: —Pero hay envidias, Helena...
> H: —¡Que se fastidie!23.

Por un lado, el retrato de Helena goza de un éxito indiscutible. Por el otro, Abel miente sobre el noviazgo con Helena a Joaquín, que antes había aconsejado que

---

23. *íbidem*, p. 30.

fueran sinceros siempre, e incluso admite parte de su responsabilidad. Con esto, Unamuno humaniza a Abel en lugar de idealizarle, como se esperaría de un personaje mítico. Compárese el deseo primero de Joaquín y la confesión de Abel, como si los papeles estuviesen intercambiados: "JOAQUÍN: —La verdad siempre, Abel; si nos dijéramos siempre la verdad, toda la verdad, esto sería el paraíso"[24] y "ABEL: —Que fue él quien me presentó a ti, para que te hiciera el retrato, y me aproveché…"[25]. Joaquín acaba descubriendo la mentira, Abel y Helena deciden casarse y le invitan a la boda. Monegro vive este momento como una profunda traición que le quitará el sueño y arruinará su vida, y lo expresa trágicamente:

> JOAQUÍN: —¿Paciencia? ¿Y qué es mi vida sino continua paciencia, continuo padecer?… Tú el simpático, tú el festejado, tú el vencedor, tú el artista…Y yo… Lágrimas que le reventaron en los ojos cortándole la palabra.
> […]
> J: —Sí, no soy simpático a nadie; nací condenado.
> […]
> «Con el día y el cansancio de tanto sufrir volvióme la reflexión, comprendí que no tenía derecho alguno a Helena, pero empecé a odiar a Abel con toda mi alma y a proponerme a la vez ocultar ese odio, abonarlo, criarlo, cuidarlo en lo recóndito de las entrañas de mi alma. ¿Odio? Aún no quería darle su nombre, ni quería reconocer que nací, predestinado, con su masa y con su semilla. Aquella noche nací al infierno de mi vida»[26].

Cabe destacar que la aspiración vital de Joaquín había sido desde joven dedicarse a la investigación médica[27] para conseguir la gloria, pero la envidia le carcome con tal intensidad a lo largo de su vida que se distancia cada vez más de su objetivo hasta que le llega a Joaquín la vejez y se da cuenta de que abandonó su sueño. La segunda herida[28] que abre Abel en Joaquín, aparte de la de Helena, será la de la fama[29] *in*

---

24. *op.cit.*, p. 19.

25. *op.cit.*, p. 29.

26. *íbidem*, pp. 25-28.

27. Véase: "Sí; yo aspiro a abrir nuevos caminos. Pienso dedicarme a la investigación científica. La gloria médica es de los que descubrieron el secreto de alguna enfermedad y no de los que aplicaron el descubrimiento con mayor o menor fortuna" (*op.cit.*, p. 15).

28. Es conveniente prestar atención a la dinámica antifrástica de aportar cualidades cainitas a Abel: siendo él quien empieza el conflicto, a quien Joaquín conoce como su enemigo y quien abre las heridas de Joaquín/Caín. Con todo, Joaquín muestra en la novela la otra cara del mito, en el capítulo 11, discutiendo el origen del conflicto cainita o dudando de los abelitas.

29. Véase: "Y esa fama creciente era como una granizada desoladora en el alma de Joaquín. «Sí, es un pintor muy científico…» […] Porque él, Joaquín, presumía ser un artista, un verdadero poeta en su

crescendo del pintor que dejará en la sombra al médico de cabecera. Nótese cómo desde entonces piensa que su destino está escrito. Tras la boda de los Sánchez, Joaquín se centra en su clientela y en el estudio y aunque tiene una primera motivación de destruir al otro con su fama, no lo conseguirá.

En el capítulo 6, cuando Abel cae enfermo, Joaquín se ve por primera vez ante un dilema moral: hacer lo que se espera de un médico o dejarse llevar por el sentimiento vengativo:

> Fueron unos días atroces aquellos de la enfermedad de Abel [...] unos días de tortura increíble. Estaba en mi mano dejarle morir, aún más, hacerle morir sin que nadie lo sospechase [...] Luché entonces como no he luchado nunca conmigo mismo, con ese hediondo dragón que me ha envenenado y entenebrecido la vida. Estaba allí comprometido mi honor de médico, mi honor de hombre, y estaba comprometida mi salud mental, mi razón. Comprendí que me agitaba bajo las garras de la locura; vi el espectro de la demencia haciendo sombra en mi corazón. Y vencí. Salvé a Abel de la muerte[30].

Esa *agonía*[31] o enfrentamiento entre la razón (*gnosis*) y su pasión (*pistis*[32]) da nacimiento al demonio de Joaquín Monegro, al que ahora llama «dragón ponzoñoso» y después también «dragón de hielo»[33]. En este momento y más adelante, veremos cómo Joaquín es capaz de desdeñar las pulsiones homicidas del *daimon*[34].

Aparece en escena la devota Antonia, hija de una viuda que es clienta de Joaquín y que morirá en la clínica. Esta se enamorará del médico desgraciado. Dentro de la idea de la esposa como la otra madre[35] en Unamuno, Antonia se convertirá en el ángel de

---

profesión, un clínico genial, creador, intuitivo, y seguía soñando con dejar su clientela para dedicarse a la ciencia pura, a la patología teórica, a la investigación. ¡Pero ganaba tanto!...» (*op.cit.*, p. 42).

30. *íbidem*, p. 36.

31. En referencia al origen griego del término ἀγωνία /agōnía/, significando 'lucha' y a su vez 'angustia'.

32. Recojo estos dos conceptos, anteriormente citados en Maroco dos Santos, 2018, p. 179.

33. Surge puntualmente en el capítulo 7, pero a partir de ahí numerosas veces Unamuno usará la metáfora del hielo para aludir al alma envidiosa de Joaquín.

34. Utilizo indistintamente los términos *daimon*, «diablo» y «demonio» antes del apartado en que me extenderé sobre este concepto, que ya adelanto que tendrá nuevas acepciones semánticas, como, por ejemplo 'destino' y 'divinidad tutelar'.

35. Sobre el tema consúltese la comparación que realiza McGaha (1971) de la teoría filosófica de Melanie Klein sobre la relación entre la envidia y la maternidad aplicada a *Abel Sánchez*.

la guarda[36] de Joaquín y le hará pensar en Dios, ante el que Joaquín nunca acabará por arrodillarse. Pasado el año de luto, la pareja se casa. Pese a la bondad de Antonia, contraria a la frialdad de Helena, Joaquín confesará al final de la obra que nunca la amó. Helena se queda embarazada y, ante la expansión de la familia Sánchez, Joaquín se muestra frío con Antonia, en una lucha consigo mismo que se hace palpable para su mujer:

> Sentía Antonia que entre ella y su Joaquín había como un muro invisible, una cristalina y transparente muralla de hielo [...] una invisible sombra fatídica se interponía entre ellos. Los besos de su marido parecíanle besos robados, cuando no de rabia [...] El hombre vaciló un momento, pareciendo luchar con un enemigo invisible, con el diablo de su guarda[37].

Cabe recalcar esa dicotomía entre «el diablo de su guarda», esa voz interna que manipula a Joaquín con su ira, y Antonia como una «santa»[38]. Unamuno personifica al demonio particular dándole voz:

> [...] un diablo que le decía: «¿Ves? ¡Hasta es más hombre que tú! Él, él, que con su arte resucita e inmortaliza a los que tú dejas morir por tu torpeza, él tendrá pronto un hijo, traerá un nuevo viviente, obra suya de carne y sangre y hueso al mundo...»[39].

Ante la angustia, Antonia le propone irse ambos a Renada y que Joaquín se dedique a la ciencia para ser más exitoso que Abel. Pero Joaquín se niega, derrotado ya desde un principio, alegando que la fama de Abel le persigue hasta en sueños. Con todo, hay quien juzgaría que por seguir el ritmo de la competencia, Antonia y Joaquín van también en busca de un hijo y acaban teniendo a Joaquina Monegro.

En el capítulo 10, sucede algo semejante a lo que vimos en el 6, pero ahora la vida que está en las manos de Joaquín es la del hijo de Abel: Abelín Sánchez. Llaman a

---

36. De la misma manera que Augusto en *Niebla*, Joaquín se refugia en su mujer de forma maternal: "Dedicóse Joaquín, para salvarse, requiriendo amparo a su pasión, a buscar mujer, los brazos fraternales de una esposa en que defenderse de aquel odio que sentía, un regazo en que esconder la cabeza como un niño que siente terror al coco, para no ver los ojos infernales del dragón de hielo" (*op.cit.*, p. 39).

37. *íbidem*, pp. 47-49.

38. Véase: "Se casó conmigo como se habría casado con un leproso, no me cabe duda de ello, por divina piedad, por espíritu de abnegación y de sacrificio cristianos, para salvar mi alma y así salvar la suya, por heroísmo de santidad" (*op.cit.*, p. 41).

39. *íbidem*, p. 48.

Joaquín para que asista el parto de Helena, pero el *daimon* le tienta para hacer algo atroz contra la criatura: "Pero mi diablo me insinuó la feroz tentación de ir a asistirla y de ahogar a hurtadillas al niño. Vencí a la asquerosa idea"[40]. Con todo, consigue imponerse al mal consejo y no se presenta.

Abel se decide ahora por representar pictóricamente la muerte de Abel por Caín y Joaquín se exaspera por la historia bíblica; reprende el favoritismo de Dios con Abel y en esa comparación se siente reflejado: "ABEL: — [...] Acaso porque Dios veía ya en Caín el futuro matador de su hermano..., al envidioso... JOAQUÍN: —Entonces es que le había hecho envidioso, es que le había dado un bebedizo..."[41]. La cuestión del bebedizo, la veremos más adelante.

En el capítulo 12, el médico toma prestado un ejemplar de Abel del *Caín* de Lord Byron y esa lectura le afecta soberanamente; después de este momento se verá decididamente reflejado en el personaje bíblico. Con ello, sentencia que desconfía de la divinidad porque le creó malvado: "«[...] y yo, desde muy niño, ¿no aspiré a anular a los demás? ¿Y cómo podía ser yo tan desgraciado si no me hizo tal el creador de la desgracia?»"[42]. Así, delega momentáneamente en la divinidad la responsabilidad de su carácter[43]. Además, se presenta el λόγον διδόναι o 'conocimiento de la desgracia', necesario en la tragedia clásica, que empezó a desarrollarse en el capítulo del bebedizo. Y Joaquín se pregunta:

> ¿Pero llegué yo a querer de veras a mi Antonia? ¡Ah!, si hubiera sido capaz de quererla me habría salvado. Era para mí otro instrumento de venganza [...] ¿Mas acaso no me casé sino para hacer odiosos como yo, para transmitir mi odio, para inmortalizarlo? [...] Vi mi ciencia a través de mi pecado y la miseria de dar vida para propagar la muerte. Y vi que aquel odio inmortal era mi alma[44].

Esta declaración de actitudes pecaminosas no deja de ser una *anagnórisis* respecto a su condición. Se podría comparar esta ignorancia, en el sentido más etimológico de la

---

40. *íbidem*, p. 52.

41. *íbidem*, p. 55.

42. *íbidem*, p. 60.

43. Tiene sentido asociar la fatalidad con el personaje en cuanto que este se siente condenado, maldito por una entidad superior. Ya juzgaremos en el siguiente apartado la evolución del fatalismo a la falta de responsabilización.

44. *op.cit.*, p. 61.

palabra, de Joaquín con la de Edipo como desconocedor de su culpa[45]. No obstante, Joaquín está muy lejos de ser un personaje de Esquilo[46], no renunciará a su *physis*[47] ni reconocerá ninguna enseñanza divina, sino que durante la obra presenta periodos de reflexión y periodos de dejarse llevar por su *páthos*[48], más bien como Medea en Eurípides, cuando duda[49] antes de asesinar a sus hijos:

> MEDEA: [...] ¡Ay! ¿Qué voy a hacer yo? Me desfallece el alma,
> mujeres, cuando veo sus semblantes alegres.
> ¡No puedo! ¡Adiós, proyectos! ¿Por qué doblar mis penas
> solo por un afán de hacer sufrir al padre
> con las desdichas de ellos? ¡No puedo, de verdad!
> ¡Adiós los planes míos! Mas ¿qué es lo que me pasa?
> ¿Me resignaré a ser objeto de ludibrio
> permitiendo que impunes mis enemigos queden?
> [...] mi mano no desfallecerá.

En el capítulo 16, Abel decide pintar a su mujer junto a su hijo Abelín como si fuesen la Virgen y el Niño Jesús. En el capítulo anterior, Joaquín fue a confesarse y ahora Abel le juzga por su asistencia regular a la Iglesia, pues el médico siempre se mostró ateo. Este ataque personal muestra la complejidad de la relación entre ambos, no parecen odiarse indistintamente el uno al otro y, aunque Abel reconoció su traición, ahora se preocupa por él a su manera: "(Sobre la actitud de falso devoto) [...] Todo eso me parece que no nace sino de la envidia, y me extraña en ti, que te creo muy capaz de distinguirte del vulgo de los mediocres, me extraña que te pongas ese uniforme"[50]. Resumidamente, vemos a Joaquín ir a visitar a Helena cuando

---

45. Aunque la culpa de Edipo se muestre en delitos (parricidio e incesto), es decir, en acciones y la culpa de Joaquín en sus pensamientos.

46. Véase Lesky, 1964, p. 137: "[...] el pensamiento del poeta cala más hondo y no se contenta con la idea de unos dioses que por medio de la culpa y la obcecación precipitan a los hombres a la ruina. El dolor que de ello se origina tiene un sentido profundo, es el camino que conduce al hombre a la comprensión y la permite reconocer la eterna validez de las leyes divinas".

47. Lesky habla de la *physis* 'naturaleza' de los personajes trágicos frente a la voluntad divina en Sófocles, me pareció apropiado aplicar el término en este contexto (Lesky, 1964, p. 239).

48. Entiéndase *páthos* como 'pasión, sufrimiento'.

49. Aunque, como apunta José Vara en una nota al pie, hay más ejemplos de contradicciones, no se dan solo en Eurípides sino, por ejemplo, en Sófocles también, ya que es algo característico del género: "[...] Es típico de la tragedia presentar un personaje decidido a mantener una postura determinada pero que luego titubea mantenerla, estando propenso por un instante a ceder en sus pretensiones, para, luego, reafirmarse en su primer punto de vista..." y pone el ejemplo de Orestes en Esquilo, que duda antes de matar a su madre Clitemnestra [Sóf., Ed., (trad. de José Vara Donado, 2001, p. 216)].

50. *ibidem*, p. 76.

su marido no está en casa, para lo que parece una segunda declaración de amor desesperada, para contarle que este, cosa que es cierta, está siéndole infiel con una modelo. Aquí vemos, de nuevo, que Abel no es un ser perfecto sino que también peca, nunca mejor dicho, pues falta a los votos matrimoniales. Más adelante, cuando su hijo crezca, veremos cómo no le presta atención alguna al joven Abelín, que entonces se apoyará emocionalmente en Joaquín. Al ser rechazado una segunda vez por Helena, Joaquín la paga con la criada de su hogar y la acaba despidiendo. En este sentido Unamuno no inspira al lector, a mi manera de verlo, a una lectura en la que buscar el antagonista, sino los claroscuros en ambos protagonistas.

Abelín, el hijo de Abel, estudia medicina en lugar de seguir la vocación artística del padre y toma a Joaquín como mentor. En el capítulo 24, Abelín termina la carrera y se hace practicante de Joaquín. Este es otro perfecto ejemplo de las contradicciones al estilo de Medea, pero con un final positivo:

> Le admití […] por una extraña mezcla de curiosidad, de aborrecimiento a su padre, de afecto al muchacho, que me parecía entonces una medianía, y por un deseo de libertarme así de mi mala pasión, a la vez que, por más debajo de mi alma, mi demonio me decía que con el fracaso del hijo me vengaría del encumbramiento del padre…[51].

Es positivo en cuanto que, finalmente, Joaquín desea que su aprendiz triunfe en la investigación e incluso planea dejarle sus apuntes de profesión para que escriba él un libro y se dedique él a la investigación. Cierto es que es un acto de generosidad a medias, pues con ello pretende fastidiar a Abel padre[52].

Cabe hacer un apunte, a saber, no debería tomarse la contradicción como un fenómeno contemporáneo, sino que esta característica que completa la psicología del personaje es rastreable[53] ya en *Medea* cuando su mano, véase ella misma, no está decidida del todo a cometer la atrocidad infanticida:

---

51. *op.cit.*, p. 101.

52. Véase: "Y luego se decía Joaquín: «¡Este, este será mi obra! Mío y no de su padre. Acabará venerándome y comprendiendo que yo valgo mucho más que su padre y que hay en mi práctica de la Medicina mucha más arte que en la pintura de su padre. Y al cabo se lo quitaré, sí, ¡se lo quitaré! Él me quitó a Helena, yo les quitaré el hijo. Que será mío, y ¿quién sabe?.., acaso concluya renegando de su padre cuando le conozca y sepa lo que me hizo»" (*op.cit.*, p. 103).

53. Y en Esquilo, autor anterior, también se encuentra, como he comentado en la nota 49.

MEDEA: Amigas, decidido tengo el matar al punto
a mis hijos y luego marcharme de esta tierra
sin demoras que puedan ponerles en las manos
asesinas de aquellos que me odian. Es forzoso
que sin remedio mueran; y, puesto que es preciso,
yo seré quien les mate, la que vida les di.
¡Ea, corazón, ármate! ¿Por qué vacilo ahora
ante este hecho terrible, mas también necesario?
¡Vamos, mano infeliz mía, toma la espada,
tómala, a la barrera ve tras la cual está
la vida dolorosa! No te ablandes…[54]

En el capítulo 25, Abelín expresa su soledad y decepción con su padre. Joaquín, como mencioné anteriormente, valida sus sentimientos y lo apoya, en cuanto que es beneficiario del distanciamiento entre Abel e hijo. De esa conversación que mantienen acaba saliendo la palabra «tragedia» para calificar a Monegro: "Para mi padre es usted una especie de personaje trágico, de ánimo torturado de hondas pasiones. «¡Si se pudiera pintar el alma de Joaquín!», suele decir. Habla de un modo como si mediase entre usted y él algún secreto"[55]. La mentira entre ambos personajes es otro aspecto que deterioró su relación desde un principio, como sugerí. Abel sabe lo que sufre Joaquín y, aún así, nunca se pasa para hablar con él[56].

Volviendo al tema, vemos en la anterior cita la mención de las pasiones, Unamuno subtitula la obra como "una historia de pasión", aunque no romántica, sino acercándose más al concepto de *páthos* que no al actual de «pasión»[57]. Por el sentimiento exacerbado de Joaquín, es que los lectores pueden empatizar con él y reflexionar sobre su figura. Al final, esa pasión no es la mera envidia, sino la misma soledad: "¡La soledad! La soledad es el meollo de nuestra esencia, y con eso de congregarnos, de arrebañarnos, no hacemos sino ahondarla. Y ¿de dónde sino de la soledad, de nuestra soledad radical, ha nacido esa envidia, la de Caín…?"[58].

---

54. Eur., *Med.*, vv. 1236-1246. (trad. de Fernández-Galiano, 1991, p. 119).

55. *íbidem*, p. 107.

56. Parece muy oportuno a nivel estructural que no lo haga hasta el final de la obra, cuando están a punto de unirse ambas familias.

57. Véase la nota 48.

58. Unamuno, 1977, p. 49.

Por otro lado, claramente, en su comportamiento muestra Abel su propia *hamartia*[59] o yerro, aunque no puedo plantear si Unamuno escogió esta doble clara de Abel para dar más dimensión al personaje o si oculta alguna lección filosófico-moral[60].

Recapitulemos, Antonia confronta a Joaquín porque pasa más tiempo con Abelín que con su hija Joaquina, que se ha decidido por entrar en un convento para salvar el alma de su padre del demonio o de sí mismo[61]. Y, aunque tenía buenas intenciones, Monegro consigue que no se vaya. Al fin y al cabo, la Iglesia no le sirvió de mucho a nuestro Caín. El padre le pide a su hija que, para salvarle, se case con el hijo de Abel y Helena. La joven se sacrifica y acepta la petición, tras dudar un poco. Ambos novios se entienden a la perfección[62]; el uno, desde la impasibilidad de Abel; la otra, desde la oscuridad de Joaquín. Monegro, teniendo una especie de presagio, quiere confiar en que la unión de las dos familias redimirá su mal. Véase aquí también, marcado por la voz del narrador, el tópico de la contradicción de forma muy reveladora, pues se marca como parte de la tragedia humana: "Solo uniendo tu suerte a la suerte del hijo único de quien me ha enseñado la fuente de la vida, solo mezclando así nuestras sangres esperaba poder salvarme…"[63]. Joaquín expresa esta revelación como una pitia délfica, aunque su temor responde rápido a la repetición de su maldición:

> […] ¡Quién sabe si un día no concebirás tú dos mellizos, el uno con mi sangre y el otro con la suya, y se pelearán y se odiarán ya desde tu seno y antes de salir al aire y a la conciencia! Porque esta es la tragedia humana, y todo hombre es, como Job, hijo de contradicción[64].

---

59. Véase: "ABELÍN: —A mí nunca me ha hecho caso. A mí me ha mantenido, ha pagado mi educación y mis estudios, pero yo apenas si existo para él. Cuando alguna vez le he preguntado algo, de historia, de arte, de técnica, de la pintura o de sus viajes o de otra cosa, me da dicho: «Déjame, déjame en paz», y una vez llegó a decirme: «¡Apréndelo, como lo he aprendido yo!; ahí tienes los libros.» ¡Qué diferencia con usted, maestro!" (*op.cit.*, p. 105).

60. Me asalta la duda en especial al leer el siguiente pasaje: "JOAQUÍN: —No me cabe duda, ni de que no tuvo respeto a su hermano mayor, ni pidió al Señor gracia también para él. Y sé más, y es que los abelitas han inventado el infierno para los cainitas porque si no su gloria les resultaría insípida. Su goce está en ver, libres de padecimiento, padecer a los otros…" (*op.cit.* p. 57).

61. *op.cit.*, p. 112.

62. Se les ha entregado la misión reconciliadora: "Tenían que encender un hogar, un verdadero hogar, un nido de amor sereno que vive en sí mismo, que no espía los otros amores, un castillo de soledad amorosa, y unir en él a las dos desgraciadas familias" (*op.cit.*, p. 120).

63. *íbidem*, pp. 119-120.

64. *ibídem*.

Aunque, como ya adelanté, no se cumple su deseo sino que se peleará con Abel por la estima del nieto. Luchan siempre en Joaquín Monegro las ideas de redención y venganza, no puede evitarlo. Incluso, aunque Abel aparece para expresarle su contento respecto a la boda y con intención de dar por zanjada la cuestión[65] entre ambos, esta respuesta conciliadora de Joaquín no es más que una de sus fases; quiere, aparentemente, dejar el pasado atrás y centrarse en el futuro[66].

En el capítulo 31, Joaquín empieza a escribir su diario o *Confesión*[67], mientras su yerno trabaja en la obra que recoge su ciencia médica, si bien Monegro insiste en que no habría sido capaz de hacerla él mismo: "«Era mejor, sí —pensaba este—, era mucho mejor que escribiese otro aquella obra, como fue Platón quien expuso la doctrina socrática»"[68]. Podemos ver cómo ya no es solo Abel quien se refiere a Joaquín como un ser trágico[69] sino que él acepta esa etiqueta y la usa para sí en un pasaje de su diario:

> Fue entonces, en efecto, cuando empezó a escribir su *Confesión* [...] dedicada a su hija y para que esta la abriese luego que él hubiera muerto, y que era el relato de su lucha íntima con la pasión que fue su vida, con aquel demonio con quien peleó casi desde el albor de su mente [...] Esta confesión se decía dirigida a su hija, pero tan penetrado estaba él del profundo valor trágico de su vida de pasión y de la pasión de su vida, que acariciaba la esperanza de que un día su hija o sus nietos la dieran al mundo, para que este se sobrecogiera de admiración y de espanto ante aquel héroe de la angustia tenebrosa...[70].

---

65. Nótese cómo Abel nunca habla de forma decisiva, sino que anda siempre con pies de plomo en su expresión: "Y mira, Joaquín, si entre nosotros había algo... [...] tenemos que hablar de esa vieja cuenta, tenemos que ser absolutamente sinceros" (*op.cit.*, p. 124), habla del conflicto como algo bidireccional, mostrándose muy asertivo.

66. A propósito de problemas trágicos y universales, damos con el tópico del *tempus fugit*:
ABEL: —No te había visto llorar desde que fuimos niños, Joaquín.
JOAQUÍN: —No volveremos a serlo, Abel.
A: —Sí, y es lo peor" (*op.cit.*, p. 126).
Si seguimos a Burkert, recordemos esta cita: "La existencia humana cara a cara con la muerte: tal es el núcleo de la τραγωδία [*tragodía*]". (Burkert, 2011, p. 84).

67. Libro que dedica a su hija Joaquina y descendencia, aunque no se empieza a hablar de su creación hasta este capítulo. Dicho diario conforma los pensamientos de Joaquín sobre su propia desgracia.

68. *ibidem*, p. 127.

69. Recordemos la expresión exacta: "[...] una especie de personaje trágico, de ánimo torturado de hondas pasiones" (*op.cit.*, p. 107).

70. *ibidem*, pp. 127-128.

Esa «admiración» y «espanto» a la que Joaquín se refiere debería poder relacionarse con el «vuelco emocional» prearistotélico que consiste en el temor (*phóbos*) y la conmiseración (*éleos*), que forman la *kátharsis*. Joaquín, como un autor más, tiene unas expectativas puestas en el público hipotético de su *Confesión*. Si leemos la continuación a ese pasaje, poco queda por decir, parece una alusión clara a la tragedia clásica y, en especial, a la más arcaica: "Porque Joaquín se creía un espíritu de excepción, y como tal torturado y más capaz de dolor que los otros, un alma señalada al nacer por Dios con la señal de los grandes predestinados"[71]. La idea de la venganza vuelve a Joaquín como en Medea, después del arrepentimiento; sueña con escribir una segunda obra, a parte de su *Confesión*, en la que desmantelará la vileza de Helena y Abel. En este círculo vicioso, el lector, ya mareado, se pregunta: ¿Dejará Joaquín en algún momento de ser un envidioso?

Hacemos un pequeño salto hasta el capítulo 34, nace el esperado hijo de Abelín y Joaquina. Y sucede otro de los detalles que yo resaltaría sobre la pervivencia clásica de esta obra, que es el *nomen est omen* presentado en la dificultad de escoger el nombre del pequeño y la importancia del acto en sí: "Un acto tan sencillo como es dar nombre a un hombre nuevo tomaba para él tamaño de algo agorero, de un sortilegio fatídico. Era como si se decidiera el porvenir del nuevo espíritu"[72]. Por otro lado, sabemos que Unamuno se tomaba muy en serio el aspecto onomástico[73] de sus personajes literarios. Finalmente, se deciden por llamar al nieto Joaquín Sánchez[74].

Los abuelos tienen una enfrenta; Abel esboza un retrato del bebé mientras duerme, Joaquín interviene y acaban discutiendo de nuevo por sus profesiones; que cuál es la finalidad de la ciencia (conocer o curar) y cuál la del arte (ser bello o mejor que la realidad), igual que cuando eran adolescentes. La abuela Antonia recupera al niño de las garras de los recelosos abuelos, siendo el punto neutro de los tres[75].

---

71. *íbidem*, p. 128.

72. *íbidem*, p. 138.

73. Anna Caballé cuenta, en una nota a pie, que Unamuno reunía nombres en un cuadernillo titulado *Onomástica* y que de él extrajo los nombres de sus hijos (Unamuno, 1996, p. 76), es decir, que este interés fue relevante en otros aspectos de su vida.

74. De hecho, es Abel quien lo decide, argumentando que hay ya muchos Abel en la familia (*op.cit.*, p. 139).

75. Esta es su maternal reacción, algo cómica: "¡[...] que no te retraten, que no te curen! ¡No seas modelo de pintor, no seas enfermo de médico! [...] ¡Déjales, déjales con su arte y con su ciencia y vente con tu abuelita, tú, vida mía, vida, vidita, vidita mía!" (*op.cit.*, p. 141).

Y, aunque la unión de las familias debía ser un buen *omen*, Joaquín siente ansiedad por la apariencia y carácter futuros del pequeño Joaquín Sánchez. Por otro lado, Abel sigue dedicándole al nieto la atención que nunca le dio a su hijo. En suma, como está delicado de salud, pide que lleven al nieto a su casa a menudo para verle, y esto reactiva las envidiosas entrañas de Joaquín, que jura que Abel solo lo hace por fastidiar y quitarle al nieto como él le quitó al hijo, en cambio, vemos cómo Abel solo hace que reñir al nieto para que quiera a todos por igual, incluido al abuelo Joaquín[76].

Llegamos al penúltimo capítulo, Joaquín se sincera de una vez por todas con Abel. Ahora sí quiere hablar del pasado y de su enfermedad, de la que nunca se logró deshacer. Le insiste a Abel que se aleje del nieto, está celoso:

> JOAQUÍN: —El niño te quiere a ti más que a mí. Esto es claro. Yo no sé lo que haces con él..., no quiero saberlo...
> ABEL: —Lo aojaré o le daré algún bebedizo, sin duda...
> J: —No lo sé. Le haces esos dibujos, esos malditos dibujos, le entretienes con las artes perversas de tu maldito arte...[77].

Y llega el punto climático del enfrentamiento, al estilo agonístico[78]:

> JOAQUÍN: —Puede ser que no esté bueno, pero eso no importa ya. No estoy en edad de curarme. Y si estoy malo debes respetarme. Mira, Abel, que me amargaste la juventud, que me has perseguido la vida toda...
> ABEL: —¿Yo?
> J: —Sí, tú, tú.
> A: —Pues lo ignoraba.
> J: —No finjas. Me has despreciado siempre.

---

76. Véase: "[...] «Me lo está mimando —decía Joaquín—; quiere arrebatarme su cariño; quiere ser el primero; quiere vengarse de lo de su hijo. Sí, sí, es por venganza, nada más que por venganza. Quiere quitarme este último consuelo. Vuelve a ser él, él, él, que me quitaba los amigos cuando éramos mozos». Y en tanto Abel le repetía al nietecito que quisiera mucho al abuelito Joaquín.

—Te quiero más a ti —le dijo una vez el nieto.

—¡Pues no! No debes quererme a mí más; hay que querer a todos igual. Primero a papá y a mamá y luego a los abuelos y a todos lo mismo. El abuelito Joaquín es muy bueno, te quiere mucho, te compra juguetes..." (*op.cit.*, p. 144). Aunque está claro que el nieto tiene preferencias: "—Me gustan más los dibujos que tú me haces..." (*ibídem*), el narrador deja claro que esta vez solo son imaginaciones de Joaquín.

77. *ibidem*, p. 145.

78. Es decir, en enunciados más bien breves en forma de enfrentamiento o lucha dialéctica (UAL, s.f.). Como sucede, por ejemplo, en Esq. *Pers.* vv. 231-249 (trad. de Clúa & Montañés, 2013, pp. 61-62) entre la Reina Atosa y el Corifeo.

A: —Mira, si sigues así me voy, porque me pones malo de verdad. Ya sabes mejor que nadie que no estoy para oír locuras de ese jaez[79]. Vete a un manicomio a que te curen o te cuiden, y déjanos en paz.

J: —Mira, Abel, que me quitaste, por humillarme, por rebajarme, a Helena...

A: —¿Y no has tenido a Antonia?...

J: —¡No, no es por ella, no! Fue el desprecio, la afrenta, la burla.

A: —Tú no estás bueno; te lo repito, Joaquín, no estás bueno...

[...]

A: —¿Y crees tú que por irme yo, por quitarme yo de en medio habría de quererte? Si a ti, Joaquín, aunque uno se proponga no puede quererte... Si rechazas a la gente...[80].

Así es como Abel da con la *hamartia* de Joaquín y no es, en mi opinión, la simple envidia sino la consecuencia del odio: el no ser capaz de amar a las personas de su alrededor. Tanto a Abel, a Antonia, a su hija como al nieto, por estar cegado por los celos, la envidia y la sensación de soledad[81]. Justifico que ese es el yerro de Joaquín porque él mismo reconoce que de no haber sido así, se habría salvado[82]: "(A Antonia) Tú has sido aquí la víctima. No pudiste curarme, no pudiste hacerme bueno... [...] Sí, la tisis del alma. Y no pudiste hacerme bueno porque no te he querido [...] Si te hubiera querido me habría curado..."[83]. Ese defecto o mancha en su carácter le distanció siempre de sus cercanos, le impidió alcanzar el futuro profesional que había ansiado en su juventud y condenó su persona a la intranquilidad a lo largo de toda su vida.

Otra de las nociones clásicas que reconozco es el concepto de *miasma*, del castigo que se transfiere de generación en generación a causa de un pecado, como sucede con la línea tebana, de forma consanguínea en la expresión unamuniana. Tengamos en mente cómo Joaquín temía anteriormente de qué sangre sería el nieto, ahora Abel le dice que si el nieto no le quiere es porque teme el contagio de su mala sangre. Joaquín se enfurece, coge a Abel por el cuello y este, que ya sufría disnea, no puede respirar y muere[84]. Pronto se enteran de la escena el nieto y la abuela Helena. Así representa

---

79. Es decir, de esa índole o clase.

80. *ibídem*, pp. 145-146.

81. Recuérdese la nota 26.

82. Lo dijo ya en el capítulo 12, pero lo recalca al final de la obra.

83. *íbidem*, p. 151.

84. Esta escena más o menos fratricida, nos lleva a hablar también de la aparición de una escena de violencia, que es otra de las características de la tragedia griega que mencioné en el marco teórico.

don Miguel su versión del mito bíblico, aunque le permite a Joaquín ir un punto más allá; entrar en la locura o *furor*[85] y creerse, al estilo donquijotesco, que él es Caín:

> —¡Muerto, sí! Y le he matado yo, yo; ha matado a Abel Caín, tu abuelo Caín. Mátame ahora si quieres. Me quería robarte; quería quitarme tu cariño. Y me lo ha quitado. Pero él tuvo la culpa, él [...] ¿No le dejarán nada a Caín, nada? Ven acá, abrázame[86].

En el capítulo final, nace otra nieta, Helena empieza a vender los cuadros de su difunto marido y Joaquín cae en una honda melancolía[87] y acaba por quedarse en su cama y llamar a sus familiares, consciente de que su muerte se aproxima. Asume el asesinato de Abel, pues murió en sus manos. Y, por influencia muy probable de Calderón, Unamuno hace que nuestro protagonista visualice su vida como un sueño, una pesadilla o una vigilia confusa:

> Y por eso ha sido como una de esas pesadillas dolorosas que nos caen encima poco antes de despertar, alarma, entre sueño y la vela. No he vivido ni dormido..., ¡ojalá!, ni despierto. No me acuerdo ya de mis padres, no quiero acordarme de ellos y confío en que ya, muertos, me hayan olvidado. ¿Me olvidará también Dios? Sería lo mejor, acaso, el eterno olvido. ¡Olvidadme, hijos míos![88].

Casi como en un eco de *Niebla* (1914), Joaquín imagina a Dios como el nivel máximo de la memoria colectiva y se lamenta en su agonía, en su lucha contra su demonio o pasión:

> ¿Por qué he sido tan envidioso, tan malo? ¿Qué hice para ser así? ¿Qué leche mamé? ¿Era un bebedizo de odio? ¿Ha sido un bebedizo de sangre? ¿Por qué nací

---

85. Entiéndase aquí *furor* no como la excentricidad que Horacio atribuía a los poetas locos o lunáticos (véase Hor., *Poe.*, vv. 295-308 y vv. 453-476. Trad. de Juan Gil, 2010, pp. 107, 119) sino como la pasión de la ira que se propasa y degenera en la locura, en la pérdida de sentido. En este caso es la pérdida de la conciencia del yo, la inmersión involuntaria en el espejismo. Aquí quizá veríamos cierta semblanza entre Joaquín y un personaje contemporáneo de Valle-Inclán; el iracundo ciego Max Estrella de *Luces de bohemia* (1924).

86. *íbidem*, pp. 147-148.

87. Véase: "Pasó un año en que Joaquín cayó en una honda melancolía. Abandonó sus *Memorias*, evitaba ver a todo el mundo, incluso a sus hijos. La muerte de Abel había parecido el natural desenlace de su dolencia, conocida por su hija, pero un espeso bochorno misterioso pesaba sobre la casa" (*op.cit.*, p. 149).

88. *íbidem*, pp. 149-150.

en tierra de odios? En tierra en que el precepto parece ser: «Odia a tu prójimo como a ti mismo»…[89].

Así, Unamuno hace de una tragedia familiar muy peculiar, una tragedia no universal sino, según la intención del autor, nacional[90]. Suplica entonces Joaquín el perdón de su nieto, que no siente que le deba ningún perdón. Y le pide que no olvide a su abuelo Abel, aquel que le hacía los dibujos. Junta por último a Helena, que dice haberle perdonado hace tiempo, y a Antonia y se dirige a esta última recalcando la *hamartia*. Antonia queda destrozada ante tal sinceridad y no le deja acabar de hablar; le besa, como tantas otras veces en la novela, para callarle, como para recoger su último suspiro[91] tal y como se creía en la antigüedad. Joaquín se planta en que no quiere vivir más años por el mero hecho de vivir, y acepta su muerte estoicamente, que llegará unas horas más tarde:

> —¿Para qué? ¿Para llegar a viejo? ¿A la verdadera vejez? ¡No, la vejez no! La vejez egoísta no es más que una infancia en que hay conciencia de la muerte. El viejo es un niño que sabe que ha de morir. No, no quiero llegar a viejo. Reñiría con los nietos por celos, les odiaría… ¡No, no…, basta de odio! Pude quererte, debí quererte, que habría sido mi salvación, y no te quise[92].

Joaquín dice, paradójicamente, que estuvo en su poder vivir sin odio, aunque en la novela reiteradamente se mostró incapaz[93] y Unamuno parece susurrar moralidades entre las páginas.

---

89. *íbidem.*

90. El autor expresa sus intenciones en el prólogo a la segunda edición (1928): "Pero ¡qué trágica mi experiencia de la vida española! Salvador de Madariaga, comparando ingleses, franceses y españoles, dice que, en el reparto de los vicios capitales de que todos padecemos, al inglés le tocó más hipocresía que a los otros dos, al francés más envidia, *phthonos* de los griegos, pueblo democrático y más bien demagógico como el español, ha sido el fermento de la vida social española…" (Unamuno, 1979a, p. 11). Sobre la importancia de los prólogos en Unamuno véase Díez-Hochleitner, 1976, pp. 15-36.

91. De dicho motivo literario queda constancia en Moreno, 2011, p. 79. Tal y como allí se explica, el amante fallecido transfiere su alma al amado a través de la exhalación última, ya que en el aliento está el alma según el pensamiento antiguo. Este intercambio entre los amantes era parte de los rituales relacionados con el duelo.

92. *íbidem*, p. 152.

93. Si bien esa incapacidad forma parte del estilo agonístico, en que a veces Joaquín nos sorprendía con la tranquilidad para luego volver bajo consejo del *daimon*.

B. ¿Libre albedrío o fatalidad?

Toda filosofía es, pues, en el fondo, filología.

Miguel de Unamuno[94]

Después de que Joaquín mate a su hermano Abel, Helena acude ante la trágica escena y tiene muy claro que él es el culpable. Y, aunque Joaquín disimula, él también piensa que lo es:

> JOAQUÍN: —[…] la enfermedad de tu marido ha tenido un fatal desenlace —dijo Joaquín heladamente
> […]
> HELENA: —¡Tú…, tú has sido![95].

No es un desenlace fatal, Abel no tenía por qué morir en ese momento particular, a no ser que los dioses o Dios así lo hubieran decidido. Si fuéramos seres humanos del siglo V aC o anterior no cabría duda: fue obra divina. Dado que no lo somos, a menos que seamos creyentes, podríamos bien como agnósticos dudar de la participación divina en los hechos humanos, al estilo de Lucrecio o, siendo ateos, aniquilar el tema de raíz. La pregunta es: ¿cómo interpreta Joaquín su desgracia? Cerezo parece tenerlo muy claro, a mí me gustaría plantear la duda y dar matices a la interpretación:

> La dimensión trágica de esta envidia no reside tanto en su magnitud sobrecogedora, como en su carácter de destino (*fatum*), contra el que lucha desesperadamente el protagonista Joaquín Monegro […] La envidia comienza ahora a ser entrevista como una pasión demoníaca, como la de Luzbel (que reside en la *hybris* porque quiere ser Dios), el ángel rebelde[96].

Inicialmente, Joaquín es médico y ateo, hasta que en el capítulo 8 aparece una clienta convencida de que le han dado un bebedizo a su marido. Joaquín, al principio, razona que eso no son más que supersticiones. Pero luego le da vueltas a la idea y cree de veras que a él le debieron de dar un bebedizo; el del pecado original[97]:

---

94. Unamuno, 2001a, p. 312.

95. *ibidem*, p. 148.

96. Cerezo, 1996, pp. 613-614.

97. Recayendo pues la responsabilidad en Dios.

El que todos sus fracasos los atribuye a envidias es un envidioso. ¿Y no lo seremos todos? ¿No me habrán dado un bebedizo? Durante unos días apenas pensó más que en el bebedizo. Y acabó diciéndose: «¡Es el pecado original!»"[98].

Compárese hasta qué punto la cuestión del bebedizo es antigua. Si recordamos el *Agamenón* de Esquilo, la condición del brebaje también aparece como fruto o causa de la locura de Clitemnestra en boca del coro, así como ahora Unamuno hace hablar a Joaquín de un bebedizo que debió de tomar cuando era niño para sentir tanta envidia:

> CLITEM.: Me tentáis cual si fuera una mujer irreflexiva. Mas yo os digo sin miedo en el corazón —y lo sabéis muy bien—: nada me importa el que aprobéis o condenéis mis actos; éste es Agamenón, mi esposo, cadáver por los golpes de mi mano, obra muy digna de un experto artista. Y eso es todo.
> CORO (*cantando muy agitado*): ¡Qué mala hierba, mujer, nutrida por la tierra; qué ponzoña[99] has bebido, extraída del mar, para atreverte a cargar sobre ti este sacrificio, despreciando, escupiendo la maldición de un pueblo? Pero serás una mujer sin patria, odio implacable de tu tierra[100].

Esto nos lleva a la primera opción: el castigo divino. Quien dice la divinidad dice el destino (*fatum*) o la suerte. Joaquín se ve como un héroe trágico, coincide con esa visión que Abel tiene de él: "«¿Qué pensará, en realidad, de mí? —se decía—. ¿Será cierto que me tiene así, por un alma de fuego, tormentosa? ¿Será cierto que me reconoce víctima del capricho de la suerte?»"[101]. Asimismo, en el capítulo en que Joaquín va al confesionario, siguiendo el consejo de su mujer, se siente defraudado y declara su desconfianza con Dios porque le hizo malvado:

> JOAQUÍN: —¿Qué hice yo para que Dios me hiciese así, rencoroso, envidioso, malo? ¿Qué mala sangre me legó mi padre[102]?
> CURA: —Hijo mío…, hijo mío…

---

98. *íbidem*, p. 46.

99. Por no hablar también del dragón que envenenó su alma en el capítulo 6 o, dicho de otra forma, el «dragón ponzoñoso».

100. Esq. *Orest.* vv. 1401-1411. (trad. de Alsina & Bosch, 1979, p. 201).

101. *íbidem*, p. 65.

102. Como si se tratara de uno de los hijos de Edipo, como si su error pudiera transmitirse a través de las generaciones por la sangre, como el *miasma*: "CORO (a Eteocles): Este deseo cruento que te carcome ferozmente te incita a cumplir una carnicería humana que tiene el fruto agrio de una sangre no lícita (la de los descendientes de Layo)" Esq., *Siete.*, vv. 693-695. [trad. de Clúa y Montañés, 2013, vv. 693-695, p. 111].

J: —No, no creo en la libertad humana, y el que no cree en la libertad no es libre. ¡No, no lo soy! ¡Ser libre es creer serlo!

C: —Es usted malo porque desconfía de Dios.

J: —¿El desconfiar de Dios es maldad, padre?

[…]

J: —Luego desconfío de Dios porque me hizo malo. Como a Caín le hizo malo. Dios me hizo desconfiado…

C: —Le hizo libre.

J: —Sí, libre de ser malo.

C: —¡Y de ser bueno!

J: —¿Por qué nací, padre?

C: —Pregunte más bien para qué nació…[103].

Ese desconcierto de Joaquín dista muy poco del lamento de Edipo al conocer el cumplimiento de las calamidades que los dioses le habían vaticinado al nacer: "EDIPO: ¡Oh Zeus! ¿Qué has decidido hacer conmigo?"[104].

Sin embargo, reflexionando desde nuestro tiempo este fatalismo que Joaquín cree a ciencia cierta, es inevitable razonar, como apunta Gullón, que si de verdad el carácter de Joaquín estuviese predestinado, no habría lugar para su evolución psicológica:

> […] La mujer y la hija tratan de ayudarle haciéndole sentir que su dolencia es curable: sentirse predestinado, como el asesino bíblico. ¿El hombre es libre y puede forjar su vida y en ella su ser, o las cartas están marcadas y su suerte decidida de antemano? Si nació predestinado, nunca se derretirá el hielo de su alma, el alma de hielo[105].

Por último, no olvidemos que Miguel de Unamuno había sufrido en sus carnes el no saber qué creer y con el peso de qué razones. Es un pensador que quiere mordisquear las heridas más profundas del alma humana: "El público no gusta que se le llegue con el escalpelo a hediondas simas del alma humana y que se haga saltar pus"[106]. ¿Qué sentido tendría mostrarnos una historia de un condenado que es capaz de escapar de su carcelero? Unamuno insiste en la contradicción y muestra, en este caso, una fatalidad artificiosa. No deberíamos hablar de predestinación en cuanto que hay libre albedrío: Joaquín curó a Abel cuando enfermó y se negó a asesinar a su hijo, mantuvo

---

103. *ibidem*, p. 74.

104. Sóf., *Ed.*, (trad. de Vara, 2001, p. 231).

105. Gullón, 1964, p. 141.

106. Unamuno, 1979a, p. 10.

su ética firme aun cuando su *daimon* le insistía en acabar con ambos. Y aún así siente que vive una condena y no consigue anteponerse a su demonio de forma definitiva.

Llegan el asesinato de Abel y la muerte próxima de Joaquín y hasta entonces, no es capaz nuestro Caín de redimirse y pedir perdón. No obstante, luchó como la Antígona de Sófocles aunque, en Joaquín, Dios no estuviera de su lado. Si Dios o la herencia del pecado original le hicieron así, no se puede ignorar que supo sobreponerse a su mandato: "Y al fin la envidia que yo traté de mostrar en el alma de mi Joaquín Monegro es una envidia trágica, una envidia que se defiende, una envidia que podría llamarse angélica…"[107]. Inclino, pues, la balanza hacia el albedrío, por qué no decirlo, estoico; *audentes Fortuna iuvat*[108]. Al menos en sus últimos momentos, la suerte le sonrió con el perdón de sus allegados.

---

107. Unamuno, 1979a, p. 11.

108. Virg., *En.*, X. v. 284 (trad. de Javier De Echave-Sustaeta, 1992, p. 454).

III. *Amor y Pedagogía*

A. *Hamartia* de Avito Carrascal: erostratismo

Avito Carrascal está obsesionado con la sociología hasta tal punto que pretende crear a un niño genio[109], controlándolo desde que es un embrión hasta su educación al modo de la creación de las abejas reina[110]. Así, se decide por escoger racionalmente a su esposa y acaba deduciendo que su mejor opción es Leoncia Carbajosa[111]. Y le escribe una carta que luego tendrá que redirigir a Marina del Valle, la joven de la que se enamorará inductivamente[112], justo lo que pretendía evitar. Aunque razona que siendo perfectos opuestos pueden encajar; así él se denominará la Forma y ella será la Materia.

---

109. Nótese que me refiero a la acepción de *genius* moderna, en el sentido de intelecto superior a la media.

110. Véase: "—Tómese un niño cualquiera, digo, tómese desde su estado embrionario, apliquésele la pedagogía sociológica; y saldrá un genio. El genio se hace, diga el refrán, lo que quiera; sí, se hace… se hace… ¿qué no se hace? Y lo demostraré… […] un vulgar huevecillo de hembra, y mediante un trato especial y régimen de distinción, alimentando a la larva con pasta real o regia, mediante una acertada pedagogía abejil o, si hemos de hablar técnicamente, melisagogía, sacan de él la reina…" (Unamuno, 2007, p. 60). En efecto, cómicamente lo mismo hará Carrascal con su esposa y, posteriormente, con la criada, cuando estén en cinta, haciéndolas engullir alubias por su cantidad de fósforo.

111. Cómo no mencionar la ley de la herencia presente en el acercamiento de Avito a Leoncia: "Y como un hombre moderno, por mucho que en la pedagogía sociológica crea, no puede dejar de creer en la ley de la herencia, cavila noche y día, hábito acerca del temperamento, idiosincracia y carácter que su colaboradora ha de tener" (*op.cit.*, p. 62), que aunque esta se pueda relacionar con la ciencia más moderna, no debe de estar tan alejada de la concepción popular que dio el refrán "De tal palo, tal astilla" basado en la locución latina "*Qualis pater, talis filius*".

112. Se percibe en la expresión unamuniana una influencia platónica de la idea de ascendencia en la lucidez pero precipitación de lo irracional y sensible, como la cueva de Platón: "Al despertar sabe ya de cierto que está enamorado de Marina; háselo dicho el sueño. Desde las extensas cimas de la deducción se ha despeñado a los profundos abismos inductivos" (*op.cit.*, p. 65). En la amenaza del demonio de Avito, siempre se menciona el decaimiento como la perdición, aunque esto lo relaciono lógicamente más con el infierno católico que con Platón, si bien una interpretación no desmiente la otra.

Ambos se reúnen y Marina acepta la proposición, se besan y entonces surge por primera vez la voz interior que frenará y castigará con remordimientos a Avito cada vez que se deje llevar por la pasión[113]: "[…] una voz de su interior que le murmura: «Mira, Avito, que caes…que caes…, Avito…que caes…eso es el señuelo…así no se llega al genio…que caes…»"[114] y a la que mandará callar diversas veces a lo largo de la novela. Marina y Avito se casan por la iglesia y gestan un hijo; ingestión excesiva de fósforo, lecturas de Newton para la madre, visitas al museo y a la ópera. Marina se traga una jaculatoria en dísticos latinos impresa en papel y una imagen de Nuestra Señora del Perpetuo Socorro antes de dar a luz, todo a escondidas de Avito, que ya suponemos cómo reaccionaría. El fanatismo religioso del padre va por el lado opuesto, pues ha preparado la casa para "[…] que adondequiera que vuelva los ojos se empape en ciencia; la casa es un microcosmo racional […] hay un ladrillo en que está grabada la palabra *Ciencia*, y sobre él una ruedecita montada sobre su eje…"[115].

Cuando nace el bebé, igual que en *Abel Sánchez*, escoger el nombre es crucial para Avito y una especie de presagio: "[…] El nombre que a uno le pongan y que tenga que llevar, puede hacer su felicidad o su desgracia; es una perpetua sugestión [...] El nombre tiene que ser griego por ser la lengua griega, la de la ciencia…"[116]. Nos presentan a Fulgencio, el amigo filósofo de Avito que participará en la educación de Apolodoro[117]; este es el nombre que sugiere el filósofo. Avito está preocupado de que la lactancia natural no sea suficiente pero Marina se niega a la artificial, y la voz interior se altera: "«Has caído, sigues cayendo —le dice la voz interior—, le dejas criar; así le transmitirá más de su sangre; el pecado del amor de sus frutos»"[118], con que podemos volver a ver el *tópos* del pecado heredado[119]. Leoncia y Marina bautizan

---

113. De forma muy similar al *daimon* de Joaquín, el subconsciente se volverá el enemigo de Avito, aunque no deje de ser la otra cara de sí mismo. Siguiendo la lógica, reflejada en el ámbito lingüístico, que nos permite hablar de «tener demonios internos» o de «estar en lucha con uno mismo».

114. *íbidem*, p. 67.

115. *íbidem*, p. 77.

116. *íbidem*, pp. 77-78.

117. Al principio, el *daimon* juzga este nombre porque piensa que le dejará una marca de paganismo: "«Caíste ya y vuelves a caer, y caerás cien veces y estarás cayendo de continuo; transigiste con el amor, con el instinto, con lo carnal; transigirás con la superstición pagana y tu hijo llevará siempre como un estigma ese nombre…»", aunque luego lo prefiera por encima del nombre Teodoro (*op.cit.*, p. 79).

118. *íbidem*, p. 80.

119. Que para Joaquín era el *miasma* del pecado original transmitido a través de un bebedizo o de la sangre.

al niño a escondidas[120], Avito se rebela de acuerdo con sus creencias; opina que no hay de qué limpiar al recién nacido pues no puede haber hecho nada malo aún y el demonio familiar resurge: "Y la voz del demonio familiar: «Sí, no ha pecado, pero trae pecado, trae pecado original[121]; el de haber nacido de amor[122], de enlace de instinto, de matrimonio inductivo; amor y pedagogía son incompatibles…»"[123], luego se ve obligado a calmarse, fallándole a su demonio[124].

Avito deja a cargo del niño a Marina hasta que este empiece a hablar, cuando sea un jovencito lo acabará enviando con don Fulgencio Entrambosmares para que entrene su racionalidad. Avito le cuenta su propósito a Fulgencio y este hace algunas reflexiones, como la de la *morcilla*: "[…] hay quien alguna vez mete su *morcilla* en la comedia […] ¡Por la *morcilla* sobreviviremos los que sobrevivamos! […] un solo momento de libertad […] de ese nuestro momento *metadramático*, de esa hora misteriosa depende nuestro destino todo". Es decir, dentro del plan divino, queda un resquicio de albedrío para dejar nuestra huella, una que nos hará memorables para el mundo; la gloria *post mortem*. En este punto reside la *hamartia* de Avito Carrascal, será Fulgencio quien le dará nombre: el erostratismo[125], es decir, el sentir perentorio de que se necesita hacer una obra o un descubrimiento destacable antes de morir. Esa necesidad enfermiza es por la que Avito quiere ser el primero en crear un genio y, al modo del creador del moderno Prometeo de Mary Shelley[126], cometerá un acto de *hybris* o atrevimiento soberbio para con la divinidad, que le costará la vida de su hijo.

---

120. Lo bautizan con el nombre de Luis, será así como secretamente le llame siempre su madre, mientras lo educa cristianamente: "En estas furtivas entrevistas le habla de la madre de Dios, de la Virgen, de Cristo, de los ángeles y de los santos, de la gloria y del infierno, enseñándole a rezar. Y luego: «No digas nada de esto a papá, Luisito; ¿has oído, querido?»" (*op.cit.*, p. 96), Avito se enterará de esto y lo dejará pasar, como otras cosas, convencido de que cuando el niño crezca ya le criará únicamente a base de lógica.

121. Véase la nota 120.

122. Así se ve también en *San Manuel Bueno, mártir* cuando se cita a Calderón como a un doctor eclesiástico: "[…] el delito mayor del hombre es haber nacido" (Unamuno, 1979b, p. 136).

123. *íbidem*, p. 82.

124. Como vemos, también se usa en esta obra la palabra *demonio* para la voz interior.

125. Véase: "De Heróstrato, ciudadano efesio que, en el año 356 a. C., incendió el templo de Ártemis en Éfeso por afán de notoriedad" (RAE). Véase también: "El erostratismo supone por otra parte, la primacía de la dimensión pública en el hombre moderno, vertido al *saeculum*, a la tarea de la construcción del mundo, como su horizonte único de realización" (Cerezo, 1996, p. 261).

126. Sobre la variación del mito *Prometeo encadenado* de Esquilo en Mary Shelley véase García Gual, 2009, pp. 176, 191, 215.

Descubrimos que, al igual que Joaquín, Avito no tiene recuerdos de su infancia y que nunca habla de su madre, Fulgencio le reprueba por intentar ser pedagogo sin siquiera recordar su propia niñez, con lo cual le advierte que debe dejar al pequeño Apolodoro con sus irracionalismos por el momento y que ya le llegará la lógica. Entretanto, Marina vuelve a estar embarazada. Avito siente que la educación de su hijo se está yendo a pique a cada momento, desconfía de Fulgencio y le remuerde la conciencia y el *daimon*: "¿No hice acaso un disparate al ceder al... al... al... [...] al... confiésatelo, Avito, al amor?", la voz interior lo tortura con el pecado original y la herencia maldita.

Apolodoro va a la escuela, donde los niños se burlan de su nombre. Entonces, Carrascal empieza a enseñarle lengua pero su cientificismo le lleva a una lógica grotesca; le enseñará solo con el estudio de la fonética: "«[...] Se ahogó en el río, verbigracia, *ahogarse*... de *adfocare se*, de *focus*, fuego, como quien dice enfogarse, y enfogarse... ¡en agua! Es como si dijéramos: se enaguó en fuego... [...] Lástima que tengamos que hablar en lenguajes así y no en álgebra»"[127], sus creencias perturban el orden lógico de la pedagogía. Asimismo, en materia de dibujo solo aprenderá a hacer pajaritas de papel. Todo esfuerzo es inútil, Apolodoro no siente la curiosidad científica y eso desespera al padre. Al final del capítulo 6, Carrascal lleva al niño a ver un conejo de laboratorio y lo acaba traumando; la excentricidad de su entorno familiar y el ambiente escolar le acaban por pasar factura:

> ¿Por qué caen las piedras, Apolodoro? ¿por qué a mayor ángulo se opone mayor lado? ¡Apolodoro! ¡Polodoro... boloro... boloriche...! ¡Apolo... bolo! ¡Ese Ramiro me las tiene que pagar...! Luis, Luis, mi Luis, Luisito... santificado sea tu nombre... no le digas nada, ¿has oído? ¿Por qué me llamará mamá Luis?... El oso hormiguero tiene la lengua así... ¡Pobre conejillo!, ¡pobre conejillo![128].

Nace la hija de Marina y Avito (Rosita), que se lleva toda la atención materna y luego la paterna, pues desarrolla sus capacidades intelectuales mucho más rápido que el niño en su momento. Sin embargo, un Carrascal retrógrado y convencido de que solo existen genios masculinos, no se presta a educar a la pequeña para su propósito. Avito discute el tema del papel de la mujer con Fulgencio y Unamuno acaba la escena cómicamente con la mujer del propio Fulgencio siendo quien en realidad lleva las

---

127. *íbidem*, p. 103.

128. *íbidem*, p. 109.

riendas en casa, diga lo que diga el marido en su despacho, parece esta resolución de escena incluso un breve receso satírico[129].

En el capítulo 8, Apolodoro conocerá a Fulgencio y al poeta Hildebrando F. Menaguti. Fulgencio sabe que Apolodoro no será genio, pero no quiere influirle sino que desea que creyéndose capaz, al menos se acerque a la meta. Es clave cuando Apolodoro conoce a Menaguti, contrario a Avito pero igualmente hiperbólico, y este lo insta a escribir poesía, porque su consejo influirá en el destino del genio; que ya no querrá serlo y que acabará fracasando en el arte y el amor al mismo tiempo, llevando la narración a la escena final. Apolodoro sigue lecturas recomendadas por el poeta, empieza a escribir y se encapricha de una muchacha: Clarita. Marina lo presiente al momento y cuenta su sospecha a Avito, que no concibe la idea: "¿Iba a atreverse a enamorarse a su edad? [...] El demonio familiar se desata: «Caíste, y como tú caíste caerá él, y caerán todos y estaréis cayendo sin cesar»"[130]. Siguiendo el razonamiento de Avito, igual que al padre, la maldición del amor le llega al hijo. Fulgencio intenta calmar a Avito diciéndole que mientras no se concrete en una persona el amor abstracto, que no pasará nada. Pero el lector ya sabe que se ha concretado.

En el capítulo 10, aparece Don Epifanio; el profesor de dibujo, artista fracasado y padre de Clarita, que tampoco gusta a Avito Carrascal. Es curioso que Apolodoro sobrepuje la imagen de su amada a la pedagogía y a la filosofía; los ámbitos de sus dos mentores: "[...] ¡qué talento de muchacha!, ¡qué evolutiva!, ¡qué selectiva!, ¡qué subconsciente!, ¡qué inmanente! [...] ¡Ciencia pura! ¿Ciencia?, algo más, sobre-ciencia. ¡Algo más aún! [...] ¡haber sabido hacer esta hija! Un talento inconsciente, es decir, genial. ¿Cómo va a comparársele don Fulgencio?"[131], el amor se ha concretizado, parece que Eros ha ganado la partida. Clarita está a la espera, el joven le entrega una carta y se hacen novios.

---

129. Hago esta apreciación en cuanto que Unamuno ya percibe esta obra como una tragedia con trazos de comedia, pero también en alusión al hecho de que en el teatro griego solía representarse una pieza satírica después de las tres tragedias reglamentarias para aliviar la tensión del público. Por otro, podemos recordar cómo Horacio hablaba en su *Arte Poética* de que "un asunto cómico rehúsa ser tratado con versos trágicos [...] Y, sin embargo, a veces la comedia eleva también el tono" para convertirse en comedia paratrágica e invadir el terreno de la tragedia [Hor., *Poe.*, vv. 89-98. (trad. de Juan Gil, 2010, p. 93)]. Podemos considerar que en algo semejante ocurre en Unamuno con este receso de la tragedia del héroe Apolodoro, así como otras veces los aforismos de Fulgencio llegan al absurdo y provocan la risa.

130. *ibidem*, p. 124.

131. *ibidem*, pp. 126-127.

Poco después, Eros aparece como el amor personificado en el conocido niño de Afrodita: "El Amor, como niño que dicen es, enseña a Apolodoro una infantil astucia, y es que se haga amigo de Emilio, el hermano de Clarita, y entre así más dentro de la casa"[132]. Avito se pregunta dónde anda su hijo y Marina calla, como si ya lo supiera. Avito no lo soporta, cree que su hijo está enfermo luego duda si sea la incubación de la *morcilla* genial o tan solo el amor concretándose, y el demonio le susurra la retahíla de siempre. Luego Apolodoro se da cuenta de otro aspecto de la herencia, uno que agradaría al contemporáneo de Unamuno, Freud[133]: "[…] le susurra el demonio familiar: «¿No has notado cómo se parece Clarita a tu madre?»"[134], casi como una revelación socrática[135].

En el capítulo 11, aparece Federico como nuevo pretendiente de Clarita y ahora contrincante de Apolodoro. El hijo de Avito se decide por ser literato, tomando finalmente la vía contraria a la de sus mentores:

> Y Apolodoro se retira a trabajar en un cuento largo o pequeña novela, sentimental y poética, que trae entre manos, porque le ha entrado, a despecho de su padre, una gran comezón por ser literato, puro literato, no pensador, ni filósofo, ni sociólogo, sino poeta…[136].

Efectivamente, Federico consigue conquistar a Clarita, que cada vez se muestra más distante con Apolodoro, y aunque al principio no quiere decidirse por uno, se verá obligada a ello. Avito cancela las clases de dibujo, pues siente que su hijo se le está yendo del buen camino y le echa la culpa a la madre y a su herencia: "«No tengo carácter… teorías, nada más que teorías… Me está saliendo cualquier cosa… Marina… Marina… esta Marina… ¡oh, la herencia!»"[137]. Una revista publica la novelita de Apolodoro y es un completo fracaso. Al principio, Avito Carrascal cree que ha fallado su plan pedagógico, luego reflexiona que sí que tiene sus puntos dicha obra y que puede que su hijo tenga futuro al menos como genio literario. A Clarita le ha aburrido soberanamente la novela, aunque siente pena por el joven. Apolodoro se

---

132. *íbidem*, p. 128.

133. En alusión a los complejos de Electra y Edipo, desarrollados en la teoría psicoanalítica freudiana.

134. *íbidem*, p. 131.

135. Avito y Apolodoro se acaban, como temía el padre, pareciendo cada vez más. Si el *miasma* del pecado del amor es para Avito una verdad, esta se revela a Apolodoro a través del *daimon*.

136. *íbidem*, p. 136.

137. *íbidem*, p. 141.

siente hundido y cree que todos se burlan interiormente, pero toca definitivamente fondo al escuchar la terrible decepción de su maestro Fulgencio.

Federico manda a Clarita que escriba una carta de desamor para Apolodoro bajo sus directrices. Y en una tarde lluviosa Apolodoro se encuentra con la carta, se la guarda en el bolsillo y sale a la calle, donde da con Menaguti, que se toma la disputa entre los dos muchachos por Clarita como si se tratara del mito de Helena[138]:

> APOLODORO: —¿Y qué le voy a hacer?
> MENAGUTI: —¿Qué? Bien se echa de ver que tu genitor te ha empapuzado de ciencia, de esa infame bazofia que con la religión es la causa de nuestra ruina. […] Eres un esclavo, Apolodoro.
> A: —¿Y qué le voy a hacer?
> […]
> M: —¡Matarle o matarte! Justar vuestras vidas ante Helena.
> A: —Se llama Clara, Hildebrando.
> M: —Sé lo que me digo, justar vuestras vidas ante Helena, ante la mujer. *Nam fuit ante Helenam cunnus deterrima belli Causa, sed ignotis perierunt mortibus illi.*
> M: Te lo digo en latín para no escandalizar tus oídos, no avezados a la hermosa sinceridad pagana. Justa tu vida ante Helena, y si no eres capaz de ello... ¡esclavo! —y al decir esto se sacude la melena—, envía tu dimisión de la vida […] al Ser Supremo, como le llaman los que pretenden conocerle mejor[139].

Después, Menaguti le da dos opciones: enfrentarse a Federico como sucedió en Troya o suicidarse. Y al momento da el joven con Federico, que no acepta la enfrenta física y se despide de Apolodoro, que empieza a llorar. El fiel seguidor de Menaguti se toma demasiado en serio su juicio y, como acaban de rechazarle el duelo, solo le queda la segunda opción. Pero antes, el hijo de Avito va a parar a casa de Fulgencio para quejarse fatalmente de sus creadores:

> FULGENCIO: —¡Hola, Apolodoro!, ¿qué te trae?, ¿dónde has andado?, ¡pareces preocupado!, ¿qué te pasa?
> APOLODORO: —¡Qué me ha de pasar, don Fulgencio! Me pasa que entre usted y mi padre me han hecho un desgraciado, muy desgraciado: ¡yo me quiero morir! —y rompe a llorar como un niño.

---

138. A mi modo de ver, Apolodoro parece encontrarse con 3 tragedias distintas: el fracaso amoroso, el fracaso artístico y su relación con su esperpéntico padre, que lo condena definitivamente pues le quitó la libertad de ser él mismo.

139. *íbidem*, pp. 144-145.

F: —Pero, hijo mío, pero Apolodoro…, cálmate, hombre, cálmate... Alguna niñería. ¡Vamos, hombre, no seas así!

A: —Que no sea así... que no sea así... ¿Y cómo soy sino como ustedes me han hecho?[140].

Al final del capítulo 13, Fulgencio le muestra a Apolodoro la *hamartia* de su padre, al hablarle del 'ansia de la inmortalidad' o erostratismo[141]. Fulgencio admite tener también ese defecto, aunque dice que es característico de todos sus contemporáneos[142]. El miedo a la muerte lleva a los hombres a desear la inmortalidad y hay dos vías; tener descendencia o escribir obras célebres. El filósofo y el niño desgraciado se reconcilian, pero Apolodoro siente que ya es demasiado tarde. Pese a las plegarias de Fulgencio, que insiste en que debe tener descendencia, la cuestión con Clarita está acabada[143]:

Y al conjuro de estas palabras dolorosas siente Apolodoro un furioso deseo de tener hijos, de hacerlos, y se acuerda de Clarita y suspira al acordarse de ella. Al despedirse le abraza don Fulgencio llorando. Y ya en la calle, piensa Apolodoro: «Soy un genio abortado; el que no cumple su fin debe dimitir... Dimito, dimito, me mato. ¡Pobre don Fulgencio! Me mato... si no ¿cómo voy a presentarme ante Menaguti? Pero antes tengo que asegurarme esa inmortalidad, por si es verdad, pues, ¿quién sabe?, ¿quién sabe?, ¿quién sabrá? Mamá cree en la otra y espera y sufre, sufre a papá... cree en la otra…[144].

Se diría que Apolodoro hereda el erostratismo pues, ya que está convencido de no poder tener hijos, al menos quiere centrarse en su obra para ganar la gloria: "Y se dice: «Ya que no puedo ser genio en vida, lo seré en la muerte; escribiré un libro sobre la necesidad de morirse cuando el amor nos falta, y me mataré, por no dejarme morir…"[145]. Tras matar el tiempo con juegos, charadas y pasearse por el cementerio, vuelve a casa y se encuentra con la criada, que le trae chocolate. Avito llama a un médico para examinar a Apolodoro, porque cree que se ha vuelto loco. Pero el médico

---

140. *ibidem*, p. 147.

141. Es curioso como lo achaca también a la envidia: "«Tu padre es un majadero; si no hubieses nacido de un majadero así... Mas acaso no sea majadero, sino envidioso; te ha educado así tal vez por celos, para que no le sobrepujes…»" (*op.cit.*, pp. 152-153), y se podría trasladar el caso a la situación de Abel Sánchez y Abelín pero por la vía contraria; la indiferencia.

142. Esta es una clara crítica por parte de Unamuno a los positivistas. Aunque parece ser un mal que padeció, ligado a su falta de creencia en la inmortalidad del alma, sobre este tema véase Granjel, 1957, pp. 185-213.

143. De modo infantil, Apolodoro no es consciente de que le queda mucha vida por delante, parece asumir que si no surgió entonces no será nunca; siguiendo una lógica tremendamente fatalista.

144. *ibidem*, p. 151.

145. *ibidem*.

no puede resolver el caso, dado que es psicológico/anímico. Apolodoro vuelve a salir y se encuentra con Federico y Clarita juntos. Siente impulsos violentos contra ambos y vuelve a casa. Apolodoro acaba besando a la criada. Padre e hijo vuelven a conversar, pero es en vano, no se entienden ni se quieren ya escuchar. Se nos da a conocer que Rosa, la hija de Avito, está frágil de salud. De hecho, sufre una anemia ferropénica y muere repentinamente. Es grotesca e insensible la forma de reaccionar de Avito y solo hace que validar el juicio de Fulgencio:

> —Aunque el individuo haya muerto como tal, continúa la sustancia viviendo. Si ahora le aplicáramos una corriente galvánica se movería. No se han coagulado aún los albuminoideos, no están las células reducidas a su mayor concentración, no ha llegado la rigidez cadavérica. La concentración es la muerte, la expansión la vida; fíjate en esto, Apolodoro, y no te concentres, expansiónate. ¿Qué es eso, lloras?[146].

Apolodoro siente pena por su padre al ver esta actitud. Con este triste suceso, el joven tiene aún más ganas de morir, y ya se masca la tragedia: el joven sube a su cuarto y se ahorca. No obstante, la noche anterior forzó a la criada mientras pensaba en Clarita, y así es como cumple el mandato de Fulgencio. Por otro lado, Avito ahora sí tiende a la reacción afectada al descubrir el cadáver del hijo. Y acaba la obra con la reacción del filósofo y una oración reveladora: "—¡Madre! —gimió desde sus honduras insondables el pobre pedagogo, y cayó desfallecido en brazos de la mujer. El amor había vencido"[147]. El amor venció a la pedagogía, pues no se logró el equilibrio.

Para el lector descuidado así acaba la tragedia, sin embargo en el epílogo Unamuno tiene el detalle de contarnos cómo continúa la historia: Fulgencio se siente culpable por la muerte de Apolodoro, Petra pasa el luto muy sufridamente y, con ello, Marina y Avito se dan cuenta de su situación. Ambos deciden encargarse de Petra, que ya no será una criada sino parte de la familia, así como del heredero. Y sucede algo desconcertante, pues uno espera que Carrascal aprenda de su fracaso pedagógico y que no vuelva a las andadas pero, trágicamente, ocurre todo lo contrario. Aún enfermo de su obsesión, promete a la criada que hará de su hijo un genio y le aconseja comer alubias, todo a escondidas de Marina:

> [...] Y llega un día en que llama don Avito a su criada y la interroga, y viene la penosa confesión, y la pobre muchacha se anega en llanto y el pobre hombre al sentirse abuelo la consuela con dulzura:

---

146. *íbidem*, p. 160.

147. *íbidem*, p. 164.

AVITO: —No hagas caso, Petrilla, no hagas caso ni te acongojes por eso, que desde hoy serás nuestra hija y te quedarás con nosotros, y tu hijo será siempre el hijo de nuestro hijo, nuestro nieto, y nada le faltará y le cuidaremos, así como a ti, y le educaré, sí, le educaré… le educaré… y no volverá a pasar lo que con Apolodoro ha pasado, no, no volverá a pasar lo mismo, te lo juro… Le educaré, sí, le educaré, le educaré con arreglo a la más estricta pedagogía, y no habrá don Fulgencio ni don Tenebrencio que me lo eche a perder, ni se rozará con otros niños. Le educaré yo, yo solo, que de algo me ha de servir la experiencia de lo pasado, le educaré yo y este sí que saldrá genio, Petrilla; te aseguro que tu hijo será genio, sí, le haré genio, le haré genio y no se enamorará estúpidamente; le haré genio. […]

MARINA: —¡Por Dios, Avito, por Dios! ¿más de eso todavía?

A: —Es que si aquello no fue de eso… es que no me dejaron aplicar con pureza mi sistema… Verás, verás ahora.

M: —¡Qué mundo, Virgen Santísima, qué mundo! —y empieza a sentir la pobre pesadísimo sopor sobre los párpados del alma, mientras Petrilla, satisfecha del papel de hija viuda, miró a uno y a otro sin comprender nada de aquello, pero sintiendo que se trata del porvenir del fruto de sus entrañas.

Y ahora el pobre Carrascal se recata y a ocultas de su mujer llama a Petrilla para decirle:

AVITO: —¿Te gustan las alubias, Petrilla?

PETRA: —Bastante; ¿por qué me lo pregunta usted?

A: —Por nada; pero procura comer las más que puedas, ¿has oído?, las más que puedas, pero sin que se te indigesten, y sobre todo no digas nada de esto a Marina, ¿has oído?, ¡no le digas nada de esto!…"[148].

De hecho, Avito Carrascal solo aprende una cosa: se convierte al cristianismo… aunque vuelve a su arrogante *hybris* y a su *hamartia*; el ansia de vivir por su obra sociológica, que es a su vez su descendencia.

B. Pedagogía y fatalismo trágico

De lo que trata la historia de Avito Carrascal lo resumió ya Unamuno de forma breve, hablando de ella también como una tragedia[149]. Así se la explica don Miguel en una carta a su amigo Ilundain:

---

148. *íbidem*, pp. 173-174.

149. Cabe recordar, si tienen algo en común estas dos obras que analizo, que *Amor y Pedagogía* (1902) fue anterior a *Abel Sánchez* (1917). Y que tengo en mente siempre las fechas de escritura y no las de publicación de los volúmenes.

Voy a ensayar el género humorístico —decía don Miguel—. Es una novela entre trágica y grotesca, en que casi todos los personajes son caricaturescos. Uno suelta aforismos absurdos. Trátase de un hombre que se casa deductivamente para poder tener un hijo y educarlo para genio, por amor a la pedagogía. Pone en práctica su sistema. Ensombrece la vida del hijo y acaba éste por pegarse un tiro [...] Me esfuerzo por decirlo todo con sordina y que salga todo subrayado. La concepción fundamental es que el mundo es un teatro y que en él cada cual no piensa más que en la galería; que mientras cree obrar por su cuenta es que recita el papel que en la eternidad le enseñaron[150].

Unamuno en el tiempo que escribe esta obra está viviendo la situación positivista, esa corriente filosófica que llevaba por bandera que todo conocimiento se puede someter al juicio del «verdadero o falso». Y que obvia, como plasma nuestro autor, un lugar para la psique humana, de naturaleza compleja y contradictoria. Se convierte la sociología en una zoología del ser humano, que termina en *Amor y Pedagogía* por ser una metodología marcadamente cruel y tiránica, que responde al desagrado del autor bilbaíno con el cientificismo que vivió en sus propias carnes durante su época estudiantil. Como apunta Pedro Cerezo:

La novela es una «sátira menipea» (o utopía negativa), en que de modo esperpéntico se pinta el trágico fracaso a que conduce una educación que pretenda ignorar las exigencias del sentido de la vida. El hastío, el *spleen*, y, al cabo, el suicidio son sus consecuencias inevitables[151].

De acuerdo con la intención artística de Unamuno, Apolodoro no habría podido tener otro final y en esta concepción reside el fatalismo de la obra; su destino estaba escrito por la divinidad o bien por Unamuno que, para el autor, es algo similar[152]. En el capítulo 4, Fulgencio responde con el tópico del *theatrum mundi* y visualiza a Apolodoro como el héroe trágico de la alegórica obra de Avito y a la vez de la *nivola*[153] de Unamuno[154]:

---

150. Gullón, 1964, p. 51.

151. Cerezo, 1996, p. 262.

152. Recuérdese la famosa escena de *Niebla* (1914) en que Augusto Pérez amenaza a Unamuno como personaje de que un día Dios también le dejará de soñar a él, en que se asimila la figura del autor como creador del mundo literario y el Creador del mundo.

153. Sobre el modo de hacer novelas de Unamuno y su relación con el lector véase Nicholas, 1987, pp. 16-28.

154. En este juego de espejos, ya le era dificultoso a Unamuno separar la realidad de la ficción de sus personajes y también a mí me resulta complicado diferenciar a Apolodoro como personaje, a la vez

—Importante papel atribuye usted a su hijo en la tragicomedia humana; ¿será el que el Supremo Director de escena le designe? [...] Esto es una tragicomedia, amigo Avito. Representamos cada uno nuestro papel; nos tiran de los hilos cuando creemos obrar, no siendo este obrar más que un accionar; recitamos el papel aprendido allá, en las tinieblas de la inconsciencia, en nuestra tenebrosa preexistencia; el Apuntador nos guía; el gran tramoyista maquina todo esto [...] así como nuestro morir es un des-nacer, nuestro nacer es un des-morir [...] Y en este teatro lo tremendo es el héroe...[155].

Contrasta con *Abel Sánchez*, en el sentido de que no pienso que exista una ambivalencia entre el libre albedrío y el fatalismo, sino que la opción de mejora del personaje desaparece al saber en el epílogo que Avito ha vuelto a errar. *De facto*, se podría considerar la situación de Avito más crítica que la de Joaquín, que al menos consiguió recapacitar en sus últimos momentos de vida. Nunca sabremos si algo parecido le sucediera ficticiamente a Avito Carrascal, pues Unamuno se planteó una segunda parte que nunca llegó[156]. Por otro lado, la expresión de Fulgencio parece una mezcla de filosofías, en todo caso, esta *nivola* se distingue sustancialmente en que sabemos que la *hamartia* de Avito no permite escapar a la tragedia, otro camino sería preguntarse qué opina Fulgencio de un creador que, peor que con Joaquín, escribe esta tragedia, por decirlo de alguna manera, con el *daimon* tranquilo. Quién sabe si este detalle pueda evocar alguna duda espiritual del autor.

---

marioneta de su padre y alegoría del hombre real que sufre la tragedia de la vida o, propiamente, del niño conducido por la pedagogía estricta.

155. *íbidem*, p. 89.

156. Véase: "Así, a la vez que alargo este epílogo dejo colgada esta historia para poder añadirle una segunda parte, si es que la primera gusta y encuentra una buena acogida" (*op.cit.*, p. 174).

IV. Terrenos comunes entre estas *nivolas*

A. La *katastrophé* del personaje: ingeniería *nivolesca*

> ¿Es Joaquín el odiador, o lo es el sinuoso demonio que incita a la venganza? ¿Son dos —el uno y el otro—, o es siempre el mismo, y el poseedor invención de una conciencia a quien la dualidad permite imaginarse exenta de culpa? […] La sombra es desoída, pero su voz sigue sonando, corruptora, recapitulando agravios, planeando bajezas, manteniendo vivas las heridas…[157].

Gullón apunta que "el espectáculo ocurre a puerta cerrada"[158], discrepo con él pues tanto su hija como su esposa están presentes y ven la niebla metafórica que corrompe su hogar, aunque suceda en su interior, su mujer es capaz de ver ciertos cambios en su lenguaje no corporal que delatan lo que se oculta de puertas adentro. De hecho, Helena y Abel también son conscientes de la envidia de Joaquín, distinto es que se preocupen por él. Para que Joaquín se sienta solo, como apunta Gullón para justificar la existencia del demonio, hay que contar con la insatisfacción generalizada en sus relaciones familiares y laborales. La *hamartia* de Joaquín vemos cómo le lleva en la novela a no ser capaz de apreciar lo propio e ir a buscar lo que no puede obtener; el amor de Helena y la fama de Abel. En la disputa entre sus deseos y sus capacidades se encontraría ese inconformismo del que hablo, como posible lección trágica o al menos como potenciador del *lógon didonai*.

El fatalismo interiorizado de Joaquín me parece la clave de su catástrofe (= *katastrophé*), pues no cree que haya salida. Y ¿cuándo puede estar en un punto más hondo un personaje que cuando ya no quiere vivir? Brillante realismo el de don

---

157. Gullón, 1964, p. 126.

158. *íbidem*.

Miguel, acaso suceda eso mismo con las personas. La catástrofe se diría inminente tras esta sentenciosa declaración de intenciones:

> —[…] Tú recuerdas cómo busqué refugio y socorro en la Iglesia contra esta maldi-
> ta obsesión que me embarga el ánimo todo, contra este despecho que con los años
> se hace más viejo, es decir, más duro y más terco, y cómo, despúes de los mayores
> esfuerzos, no pude lograrlo […] Para este mal no hay más que un remedio, uno
> solo […] Para ese mal no hay más remedio que la muerte. Quién sabe… Acaso nací
> con él y con él moriré[159].

En términos trágicos, la *katastrophé* es una mudanza radical del destino del héroe. En *Abel Sánchez*, el punto de mudanza crítico podría ser la muerte de Abel, cuando Joaquín parece haber reflexionado sobre su vida y toca despedirse. La *anagnórisis* propiamente es introspectiva en la mente del personaje, solo podemos suponerla por la descripción que desde el exterior nos ofrece el narrador[160].

En *Amor y Pedagogía*, la mudanza radical del destino de Apolodoro está en el fracaso sisífico[161] de su padre que le lleva al suicidio, tema recurrente en Unamuno[162]. En el capítulo 28 de *Abel Sánchez*, también se trata este tema de forma filosófica; un aragonés habla con Joaquín y le dice que quisiera ser él, que le envidia. Joaquín no puede entenderle pues dejar de ser uno para ser otro no es otra cosa sino morir: "Ser otro es dejar de ser uno, de ser el que se es […] Y eso es dejar de existir"[163]. Lo que se resume en la muerte voluntaria del yo: el suicidio. Y, a su vez, a lo que en esencia se dedica Joaquín durante toda la *nivola*: querer lo que tiene Abel o desear ser él para dejar de ser el desgraciado Caín. Las muertes en ambas obras no recaen, a mi parecer, en la voluntad divina[164] de darle la vuelta al destino del héroe sino más bien del cese de la agonía o, si se prefiere, de des-nacer de una vida que se sintió como una desgracia. También cabe marcar que ninguna de estas *nivolas* pueden tener el ritmo

---

159. *íbidem*, p. 109.

160. Si quiere revisarse, esto sucede en el capítulo 38 o véase la nota 88.

161. Es decir, en la *peripeteia* que rodea la futura *katastrophé*. Si se interpretara que la *katastrophé* es la roca y la *peripeteia* la colina de la montaña, aunque quizá esta reflexión sea demasiado metafórica.

162. Véase, por ejemplo, en Unamuno, 1979b, p. 106: "—Un niño que nace muerto o que se muere recién nacido y un suicidio —me dijo una vez— son para mí de los más terribles misterios: ¡un niño en cruz!".

163. Unamuno, 1979a, p. 117.

164. Nótese que me refiero a Dios como personaje o si se prefiere, entiéndase aquí que hablo de la voluntad de Unamuno como creador.

de ruptura de una tragedia griega ya que no se trata del género teatral sino novelístico y ello da lugar a una construcción *in crescendo*. Esta permite, por otro lado, volver sobre el sufrimiento expresado y resaltar la agonía de Joaquín al repetirse el *agón*.

Si bien es cierto que la de Apolodoro es una muerte solitaria y la de Joaquín en compañía de sus familiares y a un tiempo que diríamos natural para él[165]. Si hubiera que concentrarse en las razones de la *katastrophé*, la de Apolodoro encaja más con un modelo trágico clásico. Piénsese en la muerte de la madre de Edipo, de Antígona, de Edipo mismo como otros casos de fallecimiento en soledad. La muerte de Joaquín no encaja en el esquema, porque el ambiente seguramente esté inspirado en la de nuestro héroe manchego, también enfermo de melancolía.

En cuanto al carácter inevitable de la tragedia clásica, se respeta a menos que el lector piense la obra desde la condicionalidad; si Medea no hubiera matado a sus hijos… no sería Medea, sería otra obra pero no la de Eurípides. Es relativa la inevitabilidad de la tragedia, funciona desde la creencia de que el carácter del personaje es rígido, que está marcado por la suerte, aunque no deja de poder reflejar contradicción y complejidad. Unamuno, como Eurípides, busca ese tipo de personajes ambivalentes.

B. El otro yo, *daimon* o *genius* particular

Para referirse al carácter de Joaquín se usa el término *loco*[166] y la expresión, que tanto Antonia como Abel le dirigen, "tú no estás bueno". Esa locura no deja de estar conectada con el demonio de Joaquín, acaso en *Las bacantes*[167] y en el *Heracles*[168] de Eurípides también se puede hablar de la divinidad trastocando la mente de los héroes trágicos. Se usa también la palabra *demonio* casi siempre y, una sola vez, el

---

165. Más o menos pues él mismo expresa que aún no le ha llegado la vejez, aunque haya tenido un nieto.

166. Por ejemplo, en: "JOAQUÍN: —Sí, sí, creo estar loco… Enciérrame. Esto va a acabar conmigo. ANTONIA: —Acaba tú con ello" (*op.cit.*, p. 84).

167. Recordemos cómo Ágave recobra el sentido tras caer en el delirio de Baco y asesinar a su hijo Penteo, que confundió todo el tiempo con un león en Eur. *Bac.* vv. 1263-1285. (trad. de Fernández-Galiano, pp. 383-385).

168. Recordemos también cómo Iris exhorta a la Locura personificada en nombre de la ira propia y la de Hera a apoderarse del juicio del héroe Heracles para llevar a cabo acciones desastrosas: "LOCURA: —Ni los bramidos impetuosos del mar / ni el terremoto ni el rayo con su penoso aguijón / tienen la fuerza con que caeré sobre el pecho yo / de Heracles; su casa y techo destrozará mi invasión / y antes mataré a sus hijos sin que él, hasta que no esté / libre de mí, sepa que dio muerte a los que engendró" en Eur., *Her.*, vv. 860-865. (trad. de Fernández-Galiano, 1991, p. 211).

sintagma nominal *el otro*[169]. Asimismo, en *Amor y Pedagogía*, el léxico es algo distinto; se habla de *voz interior* y de *demonio familiar*. No cuento *genio*, palabra que aparece constantemente en la obra, porque se refiere a la acepción del s. XIX[170] y no a la antigua[171]. No obstante, una de las dos veces en que aparece *genio* en *Abel Sánchez*, se refiere Unamuno al carácter[172]; cuando Helena habla del *geniecillo* de Joaquina, quizás heredado del padre. Apolodoro podemos afirmar que lo hereda de Avito Carrascal[173].

La palabra *demonio* proviene del latín tardío *daemonĭum* y anteriormente del griego *daimónion*, que se traduce por 'genio, divinidad inferior'[174]. En la tragedia griega he observado el uso del término como 'divinidades'[175] en general, en relación con el 'destino'[176] y una tercera acepción: la de 'genio particular'. Con todo, acabamos por buscar el significado de *genius* 'deidad que según los antiguos velaba por cada persona y se identificaba con su suerte' o 'su personalidad', es decir, su carácter[177].

---

169. Unamuno, 1979a, p. 138.

170. Corominas, 1987, p. 296: 'grande ingenio, hombre de fuerza intelectual extraordinaria'.

171. El *genius* romano se distingue del *daimon* griego en que es una 'divinidad tutelar' y 'de compañía', pero que no está relacionada con el destino del hombre. En cambio, el *daimon* sí tiene ese punto de *éthos* o 'destino fijado, invariable'. Expresa Heráclito que el destino está grabado a fuego en el carácter del individuo con cierto fatalismo (Her., *Frag.* Trad. de Luis Farré, 1973, p. 153). Marí apunta que Heráclito hace responsable al hombre de su carácter, en cambio, Homero lo exime de culpabilidad otorgándosela al genio (Marí, 1989, pp. 21-29). De igual forma, Joaquín se exime a sí mismo al echarle la culpa a Dios.

172. Véase ese único pasaje: "JOAQUINA: —¡La mía, señora, la mía, y la de mi marido y la de usted!... HELENA: —¡Pero de dónde has sacado ese geniecillo, niña? J: —¿Geniecillo? ¡Ah, sí, el genio es de otros!" (Unamuno, 1979a, p. 137).

173. En un paseo el padre tira una piedra al suelo y pregunta la causa, pero Apolodoro sufre su primera aparición del *daimon*: "El chico se encoge de hombros, mientras allá, en sus entrañas espirituales, su demoñuelo familiar —pues también le tiene— le dice: «Este papá es tonto»" (*op.cit.*, p. 104).

174. Corominas, 1987, p. 204.

175. Obsérvese en *Agamenón*, el uso de δαίμονα en este pasaje, que Alsina traduce por *genio*: "CLITEM.: Ahora has corregido la ley de tu lenguaje, al invocar el genio que sobre este linaje tres veces se ha cebado. Es él quien nos inspira el sangriento deseo que anida en las entrañas: antes ya de cesar el mal antiguo, un nuevo absceso surge" (ed. de Alsina, 1979, vv. 1475-1488, p. 207).

176. Obsérvese en *Edipo Rey*, el uso y traducción del término *daimon* como 'divinidad', pero seguidamente como adjetivo unido al destino o a las Moiras: "CORIFEO: ¡Oh descalabro espantoso a la vista de los mortales, oh el más espantoso de todos con cuantos había topado yo hasta ahora! ¿Qué locura, cuitado, te atacó? ¿Qué demonio fue el que saltó una zancada superior a las más largas para sumarse a tu endemoniado destino? ¡Ay, ay, desventurado! Ni siquiera soy capaz de mirarte a la cara, pese a querer preguntarte mucho, enterarme de mucho y examinarte mucho. ¡Hasta tal punto me espantas!" (trad. de Vara, 2001, p. 255). También se menciona en Marí, 1989, pp. 21-22.

177. Corominas, 1987, p. 296.

Carácter es un término griego que, en palabras de Heráclito, también se conecta como *daimon* con el destino: "El carácter es para el hombre su destino"[178]. Es decir, estamos limitados por nuestra propia personalidad. Podríamos considerar que Joaquín Monegro estuvo limitado por ella, por su demonio, que no era más que esa otra parte de sí mismo. Estamos ante la razón interna, que desde Platón se considera como una parte divina y protectora esencial de uno mismo[179]. Este carácter religioso y ritualista de la asignación de los genios aparece en *La República* cuando Laquesis da a cada alma un genio para que le ayude a cumplir su destino. Algo semejante encontramos en Epicteto (diálogo I, 14), que habla del genio como un *ángel de la guarda*, recordemos que Joaquín Monegro habla de un *diablo de su guarda*, por tanto, de un genio maligno.

Me gustaría añadir, aunque se escape del terreno teatral, una reflexión sobre el conocido *daimon* de Sócrates pues, en mi opinión, se acerca a la naturaleza del demonio de Joaquín y su análisis puede ser revelador:

> [...] hay junto a mí algo divino y demónico [...] Está conmigo desde niño, toma forma de voz y, cuando se manifiesta, siempre me disuade de lo que voy a hacer, jamás me incita. Es esto lo que se opone a que yo ejerza la política, y me parece que se opone muy acertadamente[180].

También Sócrates habla, a través de Platón, de una *voz divina* dentro de sí mismo. Esta percepción coincide con lo que Antoni Marí dice del *daimon* en el estoicismo helénico y, luego, romano, que es percibido como el alma humana. Marí define un aspecto externo y otro interno de la voz del *daimon* platónico: la exterior, viene a ser la divinidad; la interior, corresponde a la conciencia moral.

En otro pasaje, traduce *daimon* por *duende*[181] en un sentido muy claro de divinidad individual. A Sócrates y a Joaquín, ambas voces los disuaden de tomar decisiones

---

178. En el original: "ἦθος ἀνθρώπῳ δαίμων". DK B 119. Traducido por Luis Farré como "Su carácter es demonio para el hombre" (Her., *Frag.*, 1973, p. 153).

179. Véase: "Es lógico, pues, que en una física teológica de este tipo, la demonología desempeñe un importante papel. Según una doctrina claramente expresada por Platón, y expuesta anteriormente, se admite que la única parte del alma humana de esencia divina, la razón, actúa como un espíritu protector, un demonio que dirige el alma de acuerdo con la voluntad de Dios..." (Marí, 1989, p. 26).

180. *Apología*. Trad. de Calonge Ruiz, J., Lledó Íñigo, E. y García Gual, C.,1985, Vol. I, 31d, pp. 170-171.

181. Véase: "Cuando estaba, mi buen amigo, cruzando el río, me llegó esa señal que brota como de ese duende que tengo en mí —siempre se levanta cuando estoy por hacer algo—, y me pareció escuchar

o decir según qué cosas. En el caso de Joaquín y de Avito Carrascal, es cierto que Unamuno va un poco más allá y añade un tinte de represión o burla del destino trágico del héroe afectado.

En suma, se conoce que Unamuno poseía un ejemplar en su biblioteca personal de las obras completas de Freud[182], que conocía sus teorías y que no acababa de estar de acuerdo con sus términos[183]. Pero también que compartían algunos aspectos, como el concepto de las pulsiones o los deseos ocultos; aquellos que la *voz divina* o *demónica* aconseja o no. Y esta es para Unamuno una realidad ontológica, parte de su pensamiento y que, de alguna manera, se refleja en los contradictorios personajes de sus *nivolas*:

> No he querido callar lo que callan otros; he querido poner al desnudo, no ya mi alma, sino el alma humana, sea ella lo que fuere y esté o no destinada a desaparecer. Y hemos llegado al fondo del abismo, al irreconciliable conflicto entre la razón y el sentimiento vital[184].

C. Amor y pedagogía; *phóbos* y *fatum*

En el *Prometeo encadenado* de Esquilo, el portador del fuego a los hombres lamenta estar condenado como consecuencia de un acto preciado; su obsequio de las artes y ciencias, desafiando la voluntad divina. De igual manera, Víctor Frankenstein se propone contar sus soberbias peripecias para que no se repitan. Y sin embargo, es Unamuno y no su personaje quien, como si fuera nuestro *daimon*, nos desaconseja la vía positivista[185], alejada de la realidad del hombre según su pensamiento: una batalla

---

una especie de voz que de ella venía, y que no me dejaba ir hasta que me purificase; como si en algo, ante los dioses, hubiese delinquido. (*Fedro*. Trad. de Calonge Ruiz, J., Lledó Íñigo, E. y García Gual, C.,1988, Vol. III, 242c, p. 337).

182. González, 1994, pp. 70-71.

183. Cf. González. 1994.

184. Unamuno, 2001a, p. 140.

185. Unamuno estaba profundamente enemistado con el destino, no encontraba consuelo en la vida posterior católica pero tampoco en el cientificismo, de ahí su tragedia: "Y vienen queriendo engañarnos con un engaño de engaños, y nos hablan de que nada se pierde, de que todo se transforma, muda y cambia, que ni se aniquila el menor cachito de materia, ni se desvanece del todo el menor golpecito de fuerza, y hay quien pretende darnos consuelo con esto. ¡Pobre consuelo! Ni de mi materia ni de mi fuerza me inquieto, pues no son mías mientras no sea yo mismo mío, esto es, eterno. No, no es anegarme en el gran Todo, en la Materia o en la Fuerza infinitas y eternas o en Dios lo que anhelo; no es ser poseído por Dios, sino poseerle, hacerme yo Dios sin dejar de ser el yo que ahora os digo esto. No nos sirven engañifas de monismo; ¡queremos bulto y no sombra de inmortalidad!" (Unamuno, 2001a, p. 65).

o *agón* interminable de la razón y el corazón en que no hay ganador, sino la muerte inexorable que nos vence. Aunque no por ello se rinde el hombre, como el héroe solitario de Sófocles.

Avito Carrascal siente un pavor constante porque se cumpla una profecía sobre su hijo Apolodoro e intenta corregirla con la educación pedagógica. Dicha profecía no es otra que la caída ante Eros, proclamada por el *daimon* o si se quiere autoproclamada, dado que el *daimon* no es más que el desdoblamiento del *ego*. Juicio permisible aunque deja de lado el profundo sentido religioso del concepto *daimon*; un genio divino dentro del hombre que le guía por el camino correcto[186]. Desde la perspectiva de Avito Carrascal, el camino correcto es mediante el que se esquiva el amor. Por tanto, podríamos decir que Carrascal intenta evitar, como Edipo[187], su destino. Pero este es inevitable, pues hay un problema de raíz en su racionalismo excesivo. Después, falla y vuelve a intentarlo mediante el mismo método; una solución del todo improductiva cuya consecuencia solo podemos imaginar, dado que no está escrita.

Como mencioné en otro apartado, Avito teme la herencia de la pasión; condición natural del ser humano. Cree, en un principio, que unirse con Marina logrará el equilibrio entre la naturaleza y la razón, pero luego no concebirá ese camino para su hijo. Encontramos un pasaje paradójico y glorioso en que la realidad del *êthos*[188] queda recalcada: Avito intenta disputar la naturaleza humana:

> [...]
> FULGENCIO: —La naturaleza supera a la razón.
> AVITO: —Pero la razón debe superar a la naturaleza.
> F: —Sale la razón de la naturaleza.
> A: —Pero debe la naturaleza entrar en razón[189].

---

186. Esta idea nos puede remitir a Séneca, *Cartas a Lucilio*, XLI (trad. de López Soto, 1982, p. 111) cuando este juzga que todo hombre virtuoso es guiado o aconsejado por un dios que está dentro de sí mismo. Séneca cita entonces a Virgilio: "[¿qué dios?, no se sabe]: habita un dios" Cf. *En.* VIII. v. 352.

187. Recuérdese cómo Edipo mismo explica que al conocer de mano de Febo su destino, quiso evitarlo: "EDIPO: — [...] se apareció declarándome ¡infeliz de mí! [...] que yo debía tener relaciones con mi madre y que mostraría a los hombres una descendencia insoportable de entender, y que sería asesino del padre que me dio el ser. Entonces yo, al oír esto, calculando en adelante la situación de la tierra corintia basándome en las estrellas, huía de ella a donde jamás viera en trance de cumplirse las afrentas de los oráculos nefastos que me estaban destinados" en Sófocles, *Edipo Rey*, (trad. de Vara, 2001, p. 233).

188. La realidad pues del carácter humano, que es la contradicción.

189. Pero está clara cuál es la opinión de nuestro autor: "No faltará a todo esto quien diga que la vida debe someterse a la razón, a lo que contestaremos que nadie debe lo que no puede, y la vida no puede someterse a la razón. «Debe, luego puede», replicará algún kantiano. Y le contrarreplicaremos: «No

F: —Es el Hado —replica secamente don Fulgencio, molestado por la contradicción que ahora le hace don Avito.

A: —¿Y contra el Hado?

F: —¡El Hado mismo![190].

Por otro lado, cuando Avito enfrenta a Apolodoro y le muestra directamente las motivaciones detrás de su creación, nos damos cuenta del absurdo trágico con que Unamuno teje sus *nivolas*:

APOLODORO: —¿Y para qué quiero la ciencia si no me hace feliz?

AVITO: —No te engendré ni crié para que fueses feliz.

A: —¡Ah!

Av: —No te he hecho para ti mismo.

A: —Entonces, ¿para quién?

Av: —¡Para la Humanidad!

[…]

Av: —¿Y quién te ha mandado enamorarte?

A: —¿Quién? El Amor, o si quieres el determinismo psíquico, ese que me has enseñado[191].

Y el lector se pregunta: ¿por qué actúa así Carrascal, poniendo sobre los hombros de Apolodoro tal peso? La respuesta sería, tal y como lo veo, que tiene miedo de morir, como cualquier hombre o mujer. Avito Carrascal quiere sobrevivir a la muerte a través de su hijo, como todo artista pretende con su obra: "[…] solo en otros podemos resucitar para perpetuarnos"[192]. Aunque con ello, anula su personalidad y extingue sus ganas de vivir.

En *Abel Sánchez*, el *phóbos* de Joaquín en relación a su nieto recae en el miedo a la herencia maldita y su causa, como he argumentado extensamente en apartados anteriores. El *daimon* atormenta a Avito con el destino de su hijo y Joaquín es también temerosamente consciente del posible pecado heredado por la vía sanguínea en el nieto. Ambos casos recuerdan tal vez a cuando Sófocles, usando la metáfora de

---

puede, luego no debe». Y no lo puede porque el fin de la vida es vivir y no lo es comprender. (Unamuno, 2001a, p. 133).

190. Unamuno, 2007, p. 125.

191. *íbidem*, p. 153.

192. Unamuno, 2001a, p. 149.

la sangre como la herencia, convierte a Edipo e hijas en voces elegíacas que exponen ese resultado de Ate o la fatalidad tan similar a los peores temores de Joaquín[193]:

> EDIPO: ¡Casta de mi misma sangre!
> ISMENE: Sí, seres desgraciados.
> ED.: ¿Esta y yo?
> IS.: Y también yo, la tercera desgraciada[194].

---

193. Y cómo olvidar ese otro pasaje en que hay una conciencia ya no espiritual como la de Joaquín, sino social respecto al futuro inmediato de Antígona e Ismene: "EDIPO: [...] Lloro por vosotras dos, dado que no tengo capacidad física para veros, al intuir el futuro de vuestra amarga vida. ¡Cuán amargamente vais a tener que vivir vosotras dos por culpa de los hombres! Pues, ¿a qué reunión de ciudadanos os presentaréis y a qué fiestas, de donde no regresaréis a encerraros en casa envueltas en lágrimas en vez de disfrutar del grato espectáculo? Y, en fin, cuando ya lleguéis a la sazón del casamiento ¿quién habrá, dónde está ese que decidirá drásticamente, hijas de mis entrañas, cargar con tales reproches que fueron la ruina de mis progenitores igual que serán la de vosotras dos? Pues ¿qué afrenta falta? Vuestro padre mató a su padre, labró la tierra que lo había traído al mundo, justamente aquella de la que él mismo había sido cosechado, y os recolectó a vosotras de los mismos campos de los que había brotado él mismo. Tales reproches que recibiréis. Y luego, ¿quién va a casarse con vosotras? No habrá nadie, hijas de mis entrañas, sino que evidentemente vais a tener que consumiros estériles y solteras" (Sóf., *Ed.* (trad. de Vara, 2001, pp. 262-263).

194. Sóf., *Ed.Col.*, (trad. de Vara, 2001, pp. 407-408).

V. Conclusión

En lo referente a *Abel Sánchez*, he tratado de dibujar una interpretación de Joaquín Monegro como un personaje que se concibe a sí mismo como un condenado desde su nacimiento, con el bebedizo del pecado original; es una cuestión de *miasma* o herencia de la mácula de Adán y Eva. En principio, encaja con la figura del héroe dominado por la *hamartia* que ha sido castigado por los dioses, coincidiendo con el *Edipo* de Sófocles, con el *Prometeo encadenado* de Esquilo, con la *Medea* de Eurípides, etc. Es la visión introspectiva, directamente manifestada en la novela, de un héroe trágico sometido a los azares de la fortuna, que le inhibe de la responsabilidad de sus actos, como Sófocles eximió a su Edipo. No obstante, se da la paradoja de que este fatalismo, como rasgo de esta *nivola*, no es más que una máscara para ocultar la *hamartia* de Monegro: una persistencia por no dejarse amar, por no amar a sus seres queridos y por ansiar la fama de Abel Sánchez. Una máscara para evitar ser consciente de ser uno con su oscuridad. De modo que, se entiende que Joaquín percibe su desgracia desde un punto fatalista aunque el lector, como actuante del fenómeno literario, puede reconocer que aparece en la novela el libre albedrío en dos ocasiones y que ello impide lógicamente el *fatum* del que se siente víctima Monegro. Así, Unamuno toma unas condiciones de la tragedia para expandir su significado y presentar la condición humana y, paralelamente, la *hamartia* nacional: lo pecaminoso de la envidia en España.

Se diferencia de otros héroes en esa capacidad para evitar su destino colérico, manifestado en la figura de un *daimon* particular o conciencia, que le inclina a llevar a cabo dos actos criminales. Al contrario que Medea, consigue enfrentar su indecisión y evita el crimen. Siguiendo la tragedia griega arcaica, el personaje no debería poder escapar del mandato de su conciencia así como tampoco podría negar la voluntad de los dioses. Unamuno plantea al *daimon* no como una conciencia moral benefactora sino corrompida y castigadora, que es una subconsciencia de las pulsiones. La contradicción, en este sentido, que forma parte de las vacilaciones del personaje entre la envidia y la reconciliación con el hermano, hemos visto que es un aspecto antiguo y que se repite en la estructura narrativa a lo largo de la novela, de forma agonística o, en otras palabras, en una lucha entre escoger la razón o dejarse llevar por el *páthos* que lo reconcome. Una contradicción que escapa del terreno literario, pues es la concepción que Unamuno expresa sobre la ontología del ser humano en su ensayo *Del sentimiento trágico de la vida* (1913). Si bien es cierto que el autor bilbaíno estaba acostumbrado a desdibujar las líneas entre la realidad y la ficción, como perfectamente se refleja en el final de su existencialista *Niebla* (1914) y a escribir sobre sus preocupaciones, al autobiografismo[195].

Por otro lado, Joaquín como autor de una obra y ser consciente de su tragedia[196], encarna con su *Confesión* de alguna manera la figura del escritor preocupado por los sentimientos de admiración y espanto del futuro lector de sus memorias. Un autor preocupado, por lo tanto, por el *éleos* y el *phóbos* que forman la *kátharsis* o purificación; uno de los motivos o propósitos de las representaciones teatrales en el mundo antiguo. También he tratado otra suerte de posibles alusiones a rasgos de carácter más cultural; la cuestión del *nomen est omen*[197], que atrajo siempre a Unamuno en su creación literaria y, brevemente, la cuestión del último suspiro, recogido de los labios de la esposa en la escena final. En otro orden de cosas, también reconocemos la importancia cultural heredada del *nomen est omen* en la selección

---

195. Sobre el tema véase la perspectiva de Anna Caballé sobre las similitudes entre Fulgencio y el autor: "[…] el lector encontrará, en boca de (Fulgencio) Entrambosmares, la misma agitación espiritual del escritor bilbaíno: la sed de inmortalidad, un individualismo feroz, la angustia [...] el sentido profundo de la paternidad… Es obvio el autorretrato unamuniano a través de un *homo ficus*. Sin embargo, en el conjunto del relato dicho autorretrato queda sometido a un espejo deformante hasta alcanzar tintes caricaturescos […] ¿Se burla Unamuno de sí mismo? Diría que sí, aunque también de otros" (Unamuno, 1996, p. 26).

196. Me referí en su ocasión al *lógon didonai*, como punto imprescindible de la tragedia; el conocimiento de la tragedia propia.

197. Dicho tópico tiene un largo recorrido cultural, aunque lo vemos reflejado en la comedia de Plauto *El persa*. Pues dentro del engaño del esclavo Tóxilo al rufián Dórdalo en la venta de la joven hija de Saturión, esta joven se presenta a sí misma como Lúcride, insinuando ingeniosamente que su compra será ventajosa para el rufián:

> […]
> DÓRDALO. —¿Cómo te llamas?
> TÓXILO. —(*Aparte*.) A ver si mete ahora la pata.
> JOVEN. —En mi patria me decían Lúcride.
> TÓ. —Eso se llama un nombre de buen agüero, es que no tiene precio. ¿Por qué no la compras? (*Aparte*.) Estaba hablando de que metiera la pata, pero ha salido bien del apuro.
> DÓ. —Si es que llego a comprarte, tengo la esperanza de que serás realmente lucrativa para mí". Plaut., *El Pers.*, vv. 620-630 (trad. de Mercedes González-Haba, 2000, pp. 463-464).

Asimismo para Unamuno fue importante trabajar un significado detrás los nombres de los personajes de sus novelas, es decir, el estudio de la onomástica. Por ello, Avito Carrascal simboliza el atavismo al proceder su nombre de la reducción del diminutivo *abuelito*, por relación con lo viejo o vetusto, interpretación que propone Anna Caballé, 1996, p. 76.

del nombre de Apolodoro como futuro genio antes de su nacimiento. Volviendo a *Abel Sánchez*, sería posible un estudio de la pervivencia latina de esta obra, por esa sugerente muerte estoica, siguiendo la prescripción de Séneca de no alargar la vida más de lo conveniente, aunque Joaquín no consiguió para nada deshacerse de su condición de *homo sollicitus,* sino que se mantiene en sus pensamientos agonísticos.

Hacia el final de la obra, hemos podido incluso ver el *tópos* del *miasma* reflejado en el temor de Joaquín a la reencarnación de su mancha en su descendencia. Y su forma de intentar borrar esa falta es uniendo a las dos familias enemistadas con el enlace matrimonial de su hija y el hijo de Abel. Pero luego esa unión, lejos de traer la calma, descubre una nueva fuente de disputas; el favoritismo del nieto. Seguidamente Abel nos hace comprender que la *hamartia* de Joaquín no es solo la envidia o los celos sino un gran sentimiento de soledad. Joaquín Monegro encaja dentro del arquetipo del héroe solitario de Sófocles, aunque por la profundidad psicológica, es él quien se infringe ese mal y no la divinidad. Por ello insiste Unamuno en que si Joaquín hubiera decidido amar, se habría salvado. Existe también una suerte de inconformismo en los héroes trágicos que, desde el *lógon didonai*, Abel y Joaquín tienen en común con Edipo; que teniendo el apoyo de Ismene y Antígona durante su exilio, aún se lamentaba por no tener a sus hijos varones a su lado. Joaquín también llega a comprender el por qué de su desgracia, es decir, sufre la *anagnórisis*[198] de su *hamartia* bastante antes del final de la novela, aunque luego la vuelve a recalcar antes de morir. Recordando el aspecto de la inevitabilidad de la tragedia, que mencioné al principio, Joaquín no puede deshacer su error. Las tragedias griegas eran únicamente de grandes y nobles héroes, pero Unamuno se queda en lo común y cercano, el ser humano, y demuestra cuán trágica puede ser una vida mortal por una mala decisión o un carácter áspero como el de Medea[199]. Así, a través de un modelo que evoca, voluntariamente o no, muchas características del arquetipo del héroe trágico griego, Unamuno escribe una obra de la tragedia del hombre español, sumido desde quién sabe qué tiempos remotos en la mancha de la envidia.

Si bien es cierto que la cuestión del pecado y ciertos parámetros de la cultura católica encajan bien con la *hamartia* y con la concepción de la divinidad heredada de Esquilo.

---

198. Recupérese la cita de la nota 42.

199. Véase: "JASÓN: Muchas veces he visto que son los caracteres / ásperos un incordio con el que no hay quien luche" en o poco antes: "NODRIZA: Pues es duro su carácter y soportar no puede / que nadie la maltrate…" en Eur., *Med.*, vv. 38-39 (trad. de Fernández-Galiano, 1991, p. 80). Medea está muy en sintonía con Joaquín por el sentimiento doloroso de la traición por un ser querido, y la ira que ello provoca en el ánimo.

En el sentido cuantitativo ha sido mucho más recurrente, desde mi punto de vista, ver en Unamuno las figuras de Sófocles y Eurípides, que la de Esquilo.

En lo referente a *Amor y Pedagogía*, el análisis ha remarcado esa aparente demonización del amor, personificado desde el mito de Eros, como hijo de Afrodita, que se traslada al *páthos* como elemento incontrolable por el miedo que suscita en Avito Carrascal. Esta demonización, expresión oportuna ya que funciona a partir de la voz del *daimon* interior, proviene de la concepción de Avito Carrascal de que su hijo genio no puede deberse a la pasión de ningún tipo, esto incluye hasta el mero hecho de leer novelas o practicar la creencia religiosa de Marina, pues se desviaría del destino impuesto por el padre. El método o camino de Avito es uno y va en ascensión hacia la gloria. Unamuno trabaja este *agón*, visto también en *Abel Sánchez*, desde la alegoría de la caverna de Platón, en que la caída es la perdición del abismo y el conocimiento está en lo alto[200], el mundo de las ideas. Volvemos pues a una batalla entre el personaje y el *daimon*, que presenta ciertas diferencias con el de Joaquín. En cuanto a las similitudes, sigue siendo una figura de compañía que recuerda una mácula; la caída de Avito o el carácter de Joaquín. En cuanto a las diferencias, observamos que este *daimon* habla no solo de la herencia del pecado original, presentado en la figura de Marina, mujer simbólica de lo indomable, sino también de un pecado del amor. Si en Joaquín la *hamartia* era no dejarse amar, en Avito su temor es que su hijo deje los estudios para dedicarse a las artes de Eros. Ese pecado es finalmente heredado y aparece Clarita. Entonces Apolodoro, que no lleva las riendas de su vida sino que Fulgencio y Avito le han estado llevando a él como un títere, tiene la necesidad de escapar de ese teatro que ha sido su vida.

Según la doctrina atávica de Avito Carrascal, Apolodoro no solo no tendrá permiso de enamorarse, ni de decidir quién es sino que ni siquiera podrá desarrollar un *daimon* propio, ya que recordemos que hereda directamente el *daimon* familiar. Es un individuo antinatural, que sufre las consecuencias del acto de *hybris* para con la esfera superior. De la misma forma que el *Prometeo encadenado* de Esquilo o, posteriormente en la misma línea, el Prometeo moderno de la escritora británica Mary Shelley, Unamuno parece recuperar este *tópos* mostrando una necesidad enfermiza por la que Avito quiere tener en primicia el reconocimiento de un descubrimiento inédito; poder crear un ser humano con capacidades de genio. En el moderno Prometeo, se trata de darle vida a un cadáver inerte con el poder de la ciencia. En el *Prometeo encadenado* de Esquilo, como premisa original de ambas versiones, se trata

---

200. Porque el *daimon* insiste en que va caer y que va a seguir cayendo y por este pasaje preciso, que he citado anteriormente: "Al despertar sabe ya de cierto que está enamorado de Marina; háselo dicho el sueño. Desde las extensas cimas de la deducción se ha despeñado a los profundos abismos inductivos" (Unamuno, 2007, p. 65).

de portar el fuego creador, poder de los dioses, a la mano de los hombres para que estos desarrollen sus ciencias y artes. En todo caso, Avito Carrascal no desafía una voluntad divina cuanto el orden natural de las cosas creyendo, por ejemplo, que el lenguaje se debería enseñar mediante el álgebra. En cuanto a la intención moral y crítica, Víctor Frankenstein se propone contar las consecuencias de su soberbia para que no se repitan. Y Unamuno, como un *daimon*, nos desaconseja la vía positivista y con ello propone el vitalismo:

> El positivismo nos trajo una época de racionalismo, es decir, de materialismo, mecanicismo o mortalismo; y he aquí que el vitalismo, el espiritualismo vuelve […] Y de nada sirve querer suprimir ese proceso mitopeico[201] o antropomórfico y racionalizar nuestro pensamiento, como si se pensara solo para pensar y conocer, y no para vivir[202].

Ha sido iluminador para su interpretación, conocer en parte la filosofía que tenía Unamuno de la vida, pues la refleja en sus personajes. Y estos viven, como el hombre, en un *agón* interminable entre la razón y el corazón en que no puede uno superar al otro, en que hay una gran conciencia del *memento mori*[203]. Aunque no por ello aconseja Unamuno que se rinda el hombre ante esta verdad, sino que debe seguir en pie batallando, como los héroes solitarios de Sófocles. Unamuno escribe su tragedia *Amor y pedagogía* con un tono más cómico, su intención era practicar lo humorístico, y cumple con ello tratándose de una parodia del positivismo científico, aplicado a la pedagogía, cuyas consecuencias son trágicas. Avito Carrascal y su amigo filósofo Fulgencio se unen para llevar a cabo un plan de estudios desequilibrado, que no conectará para nada con el niño, ciertamente más inclinado a las artes. Quizá parte de la burla de Unamuno conste en enfrentar el positivismo al fanatismo religioso de Marina, por lo que se puede llegar a comparar a ambos y considerar a Avito como un fanático de la ciencia. Tomando en consideración la naturaleza de Joaquín contrapuesto a Antonia, se vuelve a formar una pareja desde el dualismo de los opuestos. Con todo, Fulgencio acaba por descubrirnos la *hamartia* de Avito; el erostratismo, 'el ansia de inmortalidad'. Todo apunta no solo a una cuestión de *hybris* o soberbia sino al miedo a morir, ello justificaría que sea tan importante para Avito esa *gloria post mortem* a través del éxito científico. En

---

201. Es decir, nuestra potencia imaginativa o creativa en cuanto que somos creadores de mitos (García Gallarín, 1998, p. 22).

202. Unamuno, 2001a, pp. 159-160.

203. Con razón expresa Unamuno la pervivencia de lo antiguo en lo contemporáneo: "Hay que estar repitiendo de continuo el *memento mori* […] para que se convenzan de que subsisten hoy, en el siglo XX, todos los siglos pasados y todos ellos vivos" (Unamuno, 2001a, p. 143).

ese detalle comparte Don Miguel su miedo propio, reflejando la tragedia del destino del hombre real; el paso irrefrenable del tiempo[204]. Avito Carrascal es aterrorizado por un *daimon* que profetiza la caída de su hijo ante Eros, como lo hizo él en su momento, arruinando sus planes. El método acaba por consistir en intentar evitar la realidad del *êthos* humano, en imponer un destino al hijo que, sea o no por el *miasma,* se hace lastimosamente inviable y lleva a la *katastrophé* o caída del héroe. La *peripeteia* y la *katastrophé* son términos que he intentado aplicar a estas novelas en cuanto que forman parte de la estructura esencial de la tragedia, mis conclusiones serían las siguientes: en *Abel Sánchez,* la muerte de Abel sería el punto culminante de dicha tragedia y la *peripeteia* la depresión melancólica de Joaquín, que le llevará a su muerte; en *Amor y Pedagogía,* el fracaso de la novelita de Apolodoro sería la *katastrophé* y la *peripeteia* se formaría con otros hechos que derivan a la caída: el fracaso del amor de Clarita, el no enfrentamiento con Federico, incitado por el poeta Menaguti, y la muerte de Rosita. Si bien se podría debatir un sentido más lineal en cuanto a *Abel Sánchez* y si se prefiere considerar la muerte de Abel como la *peripeteia,* o incluso cada uno de los éxitos de Abel como la *peripeteia* que lleva al incidente catastrófico. Este asunto está abierto a varias interpretaciones, se podría incluso contemplar la muerte de Abel como la muerte de una parte de Joaquín/Caín.

He planteado la actitud de Avito como un intento de huida, como Edipo, de su destino que falla por encontrarse inevitablemente con la *katastrophé*[205] de Apolodoro; el suicidio justo después del fallecimiento de su hermana. Lo sorprendente es el posible retrato de Avito como un moderno Sísifo, que en el epílogo demuestra no haber aprendido de las consecuencias de su fallo, haciendo que la *anagnórisis* se despeñe como la piedra de Sísifo para volver a cometer la *hamartia* con el hijo de Apolodoro y la criada. Por este detalle, es que veo más trágica *Amor y pedagogía* que *Abel Sánchez,* aunque ambas cumplen con la inevitabilidad de la tragedia, se podría decir que lo hacen desde niveles distintos.

He hablado también de cómo se podría aplicar el *lógon didonai* en cuanto que hay una lamentación o *planctus* del héroe que reconoce su desgracia y que, en este caso, incluso sabe quiénes son los culpables: "—¡Qué me ha de pasar, don Fulgencio! Me

---

204. Se podría decir, manteniéndonos en los conceptos trágicos, que conservamos el *lógon didonai* de Don Miguel: "En una palabra: que con razón, sin razón o contra ella, no me da la gana morirme. Y cuando al fin me muera, si es del todo, no me habré muerto yo, esto es, no me habré dejado morir, sino que me habrá matado el destino humano" (Unamuno, 2001a, p. 146).

205. No es de extrañar que la opinión de Unamuno sobre la ciencia sea que: "[...] destruye el concepto de personalidad, reduciéndolo a un complejo en continuo flujo de momento, es decir, destruye la base misma sentimental de la vida del espíritu, que, sin rendirse, se revuelve contra la razón" (Unamuno, 2001a, p. 125).

pasa que entre usted y mi padre me han hecho un desgraciado, muy desgraciado: ¡yo me quiero morir! —y rompe a llorar como un niño"[206].

Asimismo, se han observado ciertas referencias factibles a mitos; el mito de la caverna, la condena de Sísifo, como meras reflexiones. Y otras referencias explícitas como el mito de Eros[207] como niño de Afrodita, al que Avito echa la culpa, y el mito de Helena de Troya expresado a través del poeta Menaguti, que quería que Apolodoro y Federico se enfrentasen como si este fuera Menelao y aquel Paris. Si bien es cierto que dado que encontramos un conflicto amoroso similar en *Abel Sánchez* con otra Helena, puede incluso parecer un *leitmotiv*, siendo en ese caso Abel el príncipe Paris y Joaquín el rey traicionado, Menelao de Esparta.

A lo largo del estudio he hablado de similitudes de estas *nivolas* de Miguel de Unamuno con la tragedia griega, si bien es cierto que también existen sus diferencias; el caso del ritmo de forma *in crescendo* y no drástica, como se puede recordar por ejemplo del ritmo secuencial, propio del teatro, del *Agamenón* de Esquilo.

Una de las motivaciones que dio pie a este estudio fue mi insistencia por comprender mejor la figura del demonio unamuniano desde una perspectiva clásica, y no romántica, como divinidad menor que trastoca la mente del héroe mortal, aquella que técnicamente está en un nivel intermedio entre la divinidad y el ser humano. Así como en *Las bacantes* y en el *Heracles* de Eurípides, aunque quizá de forma más similar al *daimon* de Sócrates. Aunque el romántico alemán Goethe pueda hablar de su demonio, deja claro que pervive en esa idea una influencia anterior:

> Creí descubrir en la Naturaleza, tanto en la animada con en la inanimada, algo que solo se manifestaba en forma de contradicciones [...] Aquella cosa no era divina, pues parecía irracional; ni tampoco humana, puesto que carecía de razón; ni diabólica, ya que era beneficiosa; ni angélica, pues a menudo demostraba la alegría que el dolor de los demás le proporcionaba. Se parecía al azar porque no presentaba continuidad alguna, y recordaba a la Providencia, puesto que sugería la idea de conexión. [...] A aquel ser, que parecía mezclarse con los otros, separándolos y uniéndolos, lo llamé demoníaco, siguiendo el ejemplo de los antiguos y de todos aquellos que han podido percibir algo parecido...[208].

---

206. Unamuno, 2007, p. 147.

207. Recuérdese el pasaje: "El Amor, como niño que dicen es, enseña a Apolodoro una infantil astucia, y es que se haga amigo de Emilio, el hermano de Clarita, y entre así más dentro de la casa" (Unamuno, 2007, p. 128).

208. Marí, 1989, p. 22.

Como Eurípides[209], que destaca la contradicción de las pasiones, los personajes de Unamuno, al semejarse a los hombres de carne y hueso, muestran contradicción. No solo en *Abel Sánchez*, sino que en la trama de *Amor y Pedagogía* también es vital este detalle, pues ya he comentado cómo Avito no concibe esta realidad ontológica para Apolodoro. En conclusión, si Goethe concebía que el aspecto clave de la tragedia es que es inevitable, ambas *nivolas* cumplen con ese mínimo, además de que comparten otros aspectos. En cuanto que el *daimon* delimita el destino, como decía Heráclito[210], el carácter contradictorio de estos personajes está dirigido hacia la fatalidad. En el caso de Joaquín, al menos así lo vive, aunque se pueda poner una letra pequeña sobre lo paradójico de su *fatum* autoimpuesto. Y son tramas trágicamente fatales ya que la base es irreparable; en Avito, contamos con una concepción errónea de la educación que no se redime; en Joaquín, con un fatalismo interiorizado que es tarde para remediar.

La esencia de estas dos obras narrativas que he estudiado se resume en el desequilibrio de las pasiones de dos hombres que se deben profesionalmente a la razón, cuyas trágicas *peripeteias* llevan a un desenlace más o menos funesto y fatídico. Estando los personajes sometidos al *threatrum mundi*: el padre que pretende controlar los hilos del destino del hijo; el médico que se siente condenado con una maldad de la que dice no poder escapar, aunque solo sea cierto en parte. Con todo, se resuelve Unamuno como un novelista catártico[211] que presenta héroes solitarios, incorformistas, desgraciados y en conflicto, cuya lectura remueve las conciencias de un público lector que reflexiona las entrañas humanas que Unamuno les descubre. Sabemos que los lectores pasivos interesan a Unamuno de igual manera que a Julio Cortázar, es decir, bien poco: "Todo lector que leyendo una novela se preocupa de saber cómo acabarán los personajes de ella sin preocuparse de saber cómo acabará él, no merece que se satisfaga su curiosidad"[212]. De manera que, infunde cierto temor de vivir la misma verdad y compasión por el personaje desdichado pero, sobre todo, la duda.

---

209. Si se recuerda, mencioné que este aspecto Eurípides lo extrajo de las antinomias del sofista Protágoras, en que cada cosa tiene su parte contraria, compréndase pues cuán intrínsecamente cercanas son la filosofía y la literatura.

210. Her., *Frag.* Trad. de Luis Farré, 1973, p. 153.

211. Véanse sus propias palabras: "Nunca he sentido el deseo de conmover a una muchedumbre y de influir sobre una masa de personas —que pierden su personalidad al amarse—, y he sentido, en cambio, siempre furioso anhelo de inquietar el corazón de cada hombre y de influir sobre cada uno de mis hermanos en humanidad" (González, 1994, p. 79).

212. Unamuno, 1977, p. 87.

Apéndice

Listado de términos de la tragedia utilizados

agón: En la estructura de la tragedia griega se refiere al subgénero amebeico de dos personajes que discuten entre sí, pero también se puede entender como el choque dialéctico de dos conceptos o fuerzas; como la pasión y la razón.

Tómese como referencia la lucha dialéctica en la *Antígona* de Sófocles entre Antígona y Creonte, simbolizando la una las *agrafoi nomoi* 'leyes no escritas, divinas' y el otro, las *grafoi nomoi* 'leyes escritas, jurídicas':

> CREONTE: —Tú eres la única entre los cadmeos aquí presentes que tienes ese punto de vista.
> ANTÍGONA: —Este mismo punto de vista lo tienen también ellos, solo que por miedo a ti cierran la boca.
> C.: —¿No te da vergüenza tener unas ideas tan distintas a las de estos?
> A.: —Es que no tiene nada de vergonzoso honrar a los engendrados en las mismas entrañas maternas.
> C.: —¿No es hermano tuyo también el que murió en el bando de enfrente?
> A.: —Sí; hermano nacido de la misma madre y del mismo padre que yo.
> C.: —¿Cómo, entonces, lo honras con un don que significa una falta de consideración hacia él?
> A.: —No corroboraría esos tus puntos de vista el muerto[213].

anagnórisis: Reencuentro de dos personajes que se habían separado, ocultando uno su identidad momentáneamente al otro hasta desvelársela cuando sea apropiado. O el acto de que un personaje reconecte con una verdad sobre sí mismo, que reflexione sobre su desgracia.

---

213. Sóf., *Ant.*, (trad. de Vara, 2001, p. 164).

Del primer tipo, póngase por ejemplo cuando en el género épico Odiseo oculta su identidad a la criada Euriclea y a todos, menos a Telémaco, yendo con los hábitos y apariencia de un mendigo, pero esta le descubre por una cicatriz que se hizo de niño:

> La anciana tomó entre las palmas de sus manos esta cicatriz y la reconoció después de examinarla. Soltó el pie para que se le cayera y la pierna cayó en el caldero. Resonó el bronce, inclinó él hacia atrás, hacia el lado opuesto, y el agua se derramó por el suelo. El gozo y el dolor invadieron al mismo tiempo el corazón de la anciana y sus dos ojos se llenaron de lágrimas, y su floreciente voz se le pegaba. Asió de la barba a Odiseo y dijo: «Sin duda eres Odiseo, hijo mío; no te había reconocido antes de ahora, hasta tocar a todo mi señor»[214].

Del segundo tipo, póngase por ejemplo, en el *Edipo Rey* de Sófocles, cuando Edipo desconoce quién es él mismo y cómo se han acabado desarrollando sus augurios hasta ser consciente de esta realidad y lamentarse:

> EDIPO: —¡Ay, ay! Si esto es así, la totalidad de las incógnitas podrían a la postre haber resultado claras. ¡Oh luz del sol: ojalá te mire ahora por última vez, yo, de quien se ha demostrado haber nacido de quienes no debí y tenido relaciones con quienes no debí y matado a quienes no procedía![215].

ate: En referencia a la diosa Ate, que personifica la fatalidad y el engaño, se entiende como las consecuencias de la insensatez o de la ruina.

Tómese de ejemplo este pasaje de las *Coéforas*, en que se menciona a la diosa Ate o Ruina, que es la traducción de su nombre, como un golpe que trae la Discordia[216] a la familia de Agamenón:

> CORO: —¡Oh, trance familiar
> y discordante,
> golpe sangrante de Ruina!
> ¡Ay, disonante duelo insoportable!
> ¡Ay, incesante dolor!
> En casa está la venda,
> el remedio de estos males, y no por otras manos
> de fuera, sino por las suyas

---

214. Hom., *Od.,* XIX, vv. 466-475. (trad. de José Luis Calvo, 1983, p. 348).

215. Sóf., *Ed.,* (trad. de Vara, 2001, pp. 249-250).

216. Divinidad también conocida por el nombre Eris o Éride.

mediante cruel Discordia sangrienta.
¡He aquí el himno de los dioses subterráneos![217].

daimon: Es una 'divinidad tutelar' y 'de compañía' relacionada con el destino del hombre, a diferencia del *genius* romano. El *daimon* está relacionado culturalmente con el *êthos* o 'destino fijado, invariable'. Heráclito expresa que el destino está grabado a fuego en el carácter del individuo, haciendo responsable al hombre de su carácter. En cambio, Homero le exime de culpabilidad otorgándosela al genio. Esta figura vista desde Platón, es una *voz divina* dentro de uno mismo: la conciencia moral, que disuade a Sócrates de tomar decisiones. En el caso de Unamuno, esa voz también incita y reprende, no solo disuade. Sino que comparte con Goethe una visión malévola y maléfica del *daimon*.

Tómese de ejemplo este pasaje de las *Euménides* de Esquilo en que se usa δαιμόνων, en forma adjetival, que Alsina traduce por *diabólico*, con el sentido de comportarse como un *daimon* malévolo:

> ATENEA: Creedme y no reaccionéis con tan agudo llanto. No habéis sido vencidas: de las urnas ha salido un fallo con igualdad de votos, y con toda verdad, sin que ello signifique tu ignominia. Había brillantes testimonios emanados de Zeus, y el mismo dios que emitiera su oráculo es el que atestigua que Orestes, con sus actos, no incurriría en daño. Y, ¿vais ahora a vomitar sobre esta ciudad vuestra pesada rabia? Reflexionad, no os irritéis; no destruyáis los frutos vertiendo diabólico humor, picas salvajes que roen las simientes. Yo os prometo, y con toda justicia, un legítimo asiento en esta tierra, donde sentadas en trono esplendoroso junto al altar, recibiréis el honor de mis conciudadanos"[218].

éleos: Piedad del público lector o del auditorio para con el héroe trágico, que les hace sentir que la desgracia del personaje es injusta.

Así, Aristóteles lo expresa:

> La fábula, en efecto, debe estar constituida de tal modo que, aun sin verlos, el que oiga el desarrollo de los hechos se horrorice y se compadezca por lo que acontece [...] Necesariamente se darán tales acciones entre amigos, o entre enemigos, o entre quienes no son ni lo uno ni lo otro. Pues bien, si un enemigo ataca a su enemigo, nada inspira compasión, ni cuando lo hace ni cuando está a punto de hacerlo, a no ser por el lance mismo; tampoco, si no son amigos ni enemigos. Pero cuando

---

217. Esq., *Coéf.*, vv. 466-475 (trad. de De Miguel Jover, 1998, pp. 271-272).

218. Esq., *Orest.*, vv. 794-807 (ed. de Alsina & Bosch, 1979, p. 371).

el lance se produce entre personas amigas, por ejemplo si el hermano mata al hermano, o va a matarlo, o le hace alguna otra cosa semejante, o el hijo al padre, o la madre al hijo, o el hijo a la madre, éstas son las situaciones que deben buscarse[219].

erostratismo: Relacionado con el conocido ciudadano Heróstrato, que incendió el templo de Ártemis en Éfeso para ser famoso. Este afán es equiparable a la actualidad perfectamente, como mal del hombre que solo piensa en ingeniar productos aunque desafíe con ellos a la ética, con el propósito de ser conocido por estos inventos.

Un relato del hombre que dio nombre a este trastorno puede encontrarse en los *Factorum et dictorum memorabilium* del escritor latino Valerio Máximo:

> Esta pasión por la gloria puede llegar hasta el sacrilegio. Hubo, en efecto, un individuo (Eróstrato) que quería prender fuego al templo de Diana en Éfeso para que la destrucción de esta obra maravillosa difundiera su nombre por todo el universo. Terminó por confesar él mismo su loco frenesí, cuando fue sometido a la tortura, los habitantes de Éfeso habían sabiamente hecho abolir por decreto el recuerdo de este hombre execrable, pero Teopompo, escritor de exuberante elocuencia, lo nombró en sus Historias (356 aC)[220].

êthos: Conjunto de rasgos de comportamiento que conforman el carácter, la personalidad o la identidad de una persona. También se le puede llamar su *physis* 'naturaleza' en sentido de lo que es parte de su carácter.

Tómese de ejemplo este pasaje del *Áyax* de Sófocles, en que Atenea muestra a Ulises la locura de Áyax y ambos acaban reflexionando sobre la fragilidad de la condición humana, es decir, su naturaleza soberbia y de tendencia violenta:

> ULISES: — Yo no sé de nadie, pero, con todo ello, no obstante su animadversión, lo compadezco, desdichado, por cuanto que es víctima de un trastorno cruel, en el que no veo en absoluto su condición sino la mía propia. Pues compruebo que nosotros cuantos vivimos no somos otra cosa más que apariencias o sombra vana. ATENEA: — Entonces, consciente de que es tan deleznable la condición humana, no digas jamás tú ninguna bravata arrogante a los dioses ni te enorgullezcas porque valgas más que otros por la fuerza de tus brazos o por la inmensidad de tus cuantiosas riquezas, porque un solo día derriba y vuelve a levantar todo asunto humano sin excepción…[221].

---

219. Arist., *Poét.*, XIV, vv. 3-22 (trad. de Valentín García Yebra, 1974, pp. 173-175).

220. Val. Máx., *Fact.*, VIII, 14 ext. 5 extraído de Hernández Miñano, 1998-1999, p. 68.

221. Sóf., *Ay.*, (trad. de Vara, 2001, pp. 45-46).

fatum: Del verbo latino *fari* 'decir' o 'hablar', de que deriva la palabra castellana *hado* o directamente *el Hado*, es el destino escrito o vaticinado por los oráculos, así como se entiende que es la ley divina. De esta palabra deriva la fatalidad y el fatalismo.

Tómese de ejemplo este pasaje del *Agamenón* de Esquilo, en que Casandra habla del hado de muerte que Apolo ha permitido sobre su figura, pues Clitemnestra tiene dispuesta su muerte en cuanto entre en la fortaleza de Agamenón:

> CASANDRA: — ¿A qué, pues, seguir llevando estas insignias que me dan risa a mí misma, este cetro y estas ínfulas proféticas en torno al cuello? ¡Te haré peda-zos[222] antes de cumplir mi destino! ¡Id a la destrucción antes de que caiga, que yo también os seguiré! ¡Enriqueced de ruina a cualquier otra en mi lugar! ¡Mirad, Apolo mismo es quien me está despojando de las vestiduras de adivina, y, aunque me ha visto, incluso con estos aderezos, expuesta al escarnio tanto de amigos como de enemigos sin diferencia, ya que en vano <profetizaba oráculos fidedignos, no le ha bastado>, sino que aguanté que me insultasen y me llamasen loca vagabunda, mendiga, desgraciada, muerta de hambre! Y ahora, tú, el adivino, después que me hiciste adivina, me empujas a semejante hado de muerte…[223].

genius: Proviene del verbo griego *gignomai* 'engendrar', ha dado la palabra castellana *genio*. Es una 'divinidad tutelar' y 'de compañía'. "Se trata de la fuerza que engendra y que procura el nacimiento, conservando en su individualidad, hasta la destrucción, al ser del hombre y los seres de razón que el hombre ha creado a su imagen"[224]. Es una divinidad en la cultura romana de las más antiguas, relacionada con los Lares, Penates y Manes. Pero el término fue transformando su significado a lo largo de los siglos. En la literatura latina, *genius* equivale al *daimon* griego 'distribuidor, repartidor o intermediario' entre el hombre y los dioses. *Genius nominatur que me genuit* o el genio en la cultura latina es la fuerza divina engendradora, que custodia el lecho nupcial como lugar de conservación del mundo. Fue adquiriendo valores relativos al intelecto de aquellas personas o ideas prósperas, bellas, originales. Y acabó significando 'numen', es decir, tutor de los hombres pero también de lugares que transmiten sentimientos religiosos. Varrón convierte al genio en el alma racional del hombre, opuesta a las pasiones. Así como también otorga un alma al mundo (*universalis genius*). A partir de la Edad Media, el *genio* perdió su significación y pasó

---

222. Casandra dirige estas palabras al Corifeo justo después de romper su cetro y quitarse los atributos proféticos.

223. Esq., *Agam.*, vv. 1264-1276 (trad. de De Miguel Jover, 1998, p. 226).

224. Marí, 1989, p. 21.

al folklore como un *duende*[225]. Actualmente, también se habla de «tener mal o buen genio». Así como existe el concepto filosófico de la eudaimonía, es decir, 'tener al *daimon* contento', para hablar de la felicidad.

Tómese de ejemplo este pasaje de la Oda III 17 de Horacio, donde el poeta aconseja a su amigo Lamia que un ave presagia una borrasca inminente, de modo que debe agasajar a su genio con vino, un cochinillo y reunir leña seca, pues no le será posible trabajar a causa del mal tiempo:

> […] mañana cubrirá de hojas sin cuento el bosque y de inútiles algas la marina la tempestad desatada por el viento euro, si la añosa corneja, augur de las aguas, no me engaña. Mientras puedes, junta leña seca; mañana agasajarás a tu genio con vino puro y con un cochinillo de dos meses, junto con tus criados, libres de trabajos[226].

gnosis: En referencia al conocimiento y a la racionalidad, como cara opuesta de la *pistis* y de la irracionalidad. Si bien se puede retomar como ejemplo el pasaje citado en la entrada del concepto *pistis* de este listado, sería interesante conocer la perspectiva cristiana sobre dicha contraposición de la pluma de Don Miguel en este pasaje de un artículo suyo titulado "*¡PISTIS y no GNOSIS!*" escrito en 1897. En que la *pistis* es la confianza en el ideal cristiano y la *gnosis* es el conocimiento y la doctrina sin fe; siendo esta última más común, como denuncia Unamuno:

> A medida que el calor de la fe iba menguando y mundanizándose la religión, iba la candente masa enfriándose en su superficie y recubriéndose de costra que le separaba más y más del ambiente, dificultando su más completa aireación. Aparecieron puntos de solidificación y cristalización aquí y allí. La juvenil *pistis* fue siendo sustituida por la *gnosis* (γνωσις), el conocimiento; la creencia, y no propiamente la fe; la doctrina, y no la esperanza. Creer no es confiar. Hízose de la fe adhesión del intelecto; empezóse a enseñar que es el conocimiento la vida; convirtiéronse los fines prácticos religiosos en principios teóricos filosóficos, la religión en metafísica revelada. Nacieron sectas, escuelas, disidencias, dogmas por fin. Poco a poco fue surgiendo el credo, y el día en que se alzó neto y preciso el llamado símbolo de la fe, fue que el espíritu de la *gnosis* había vencido, fue el triunfo del gnosticismo ortodoxo, el nacido de lenta adaptación, no de los comúnmente llamados gnosticismos, de las prematuras y rápidas helenizaciones del Evangelio. En adelante la fe

---

225. Marí, 1989, p. 29.

226. Hor., *Od.*, III, 17 (trad. de José Luis Moralejo, 2007, pp. 409-410).

fue para muchos cristianos creer lo que no vimos, *gnosis*, y no confiar en el reino de la vida eterna, *pistis*, es decir, crear lo que no vemos[227].

hamartia: Defecto, error, yerro, mancha o falta en el carácter del personaje que lo hace más humano y cercano al espectador o lector.

Esta idea es explicada por Aristóteles en su *Poética* de la siguiente manera:

> Queda, pues, el personaje intermedio (el héroe trágico) entre los mencionados. Y se halla en tal caso el que ni sobresale por su virtud y justicia ni cae en la desdicha por su bajeza y maldad, sino por algún yerro, siendo de los que gozaban de gran prestigio y felicidad, como Edipo y Tiestes y los varones ilustres de tales estirpes[228].

hybris: Soberbia de un mortal para con los dioses, que resultará en un castigo divino, que probablemente hereden sus descendientes. Póngase de ejemplo, la soberbia de Prometeo al robar el fuego de Zeus para los hombres, acto que fue castigado con su encadenamiento a una roca en las montañas del Cáucaso, donde el águila de Zeus se encargaba de alimentarse de su hígado por el día, que se regeneraba por la noche para servir de alimento para el día siguiente.

O también sirve de ejemplo la soberbia de los pretendientes en la *Odisea* de Homero, que devoran sin temor los cerdos del desgraciado rey de Ítaca, que lleva ya veinte años lejos de su patria hasta poder tramar y cumplir su venganza: "Lo que tú deseas en verdad es morir allí si pretendes mezclarte con el grupo de los pretendientes, cuya soberbia y violencia han llegado al férreo cielo"[229], así le advierte el porquero Eubeo a un Odiseo disfrazado de mendigo por los encantos de Atenea, la de ojos brillantes.

katastrophé[230]: Es el resultado de la mudanza radical del destino del héroe, el desenlace dramático que, al tratarse de una tragedia, contiene una escena relativamente violenta como el suicidio, el exilio o el trauma psicológico, aunque nunca pudo ser vivamente explícita sobre la escena. Se entiende como propiamente la 'ruina' o 'destrucción' del personaje, que ocurre tras la *peripeteia*.

---

227. Unamuno, 1897, p. 30.

228. Arist., *Poét.*, XIII, vv. 7-11 (trad. de Valentín García Yebra, 1974, p. 170).

229. Hom., *Od.*, XV, vv. 329-332. (trad. de Calvo, 1983, p. 280).

230. Cf. Corominas, 1987, p. 139.

Tenemos, pues, aquí dos partes de la fábula: peripecia y agnición. La tercera es el lance patético (*katastrophê*). De estas, la peripecia y la agnición quedan explicadas; el lance patético es una acción destructora o dolorosa, por ejemplo las muertes en escena, los tormentos, las heridas y demás cosas semejantes[231].

kátharsis[232]: Efecto de sentimiento de purificación en el auditorio tras sentir la piedad por la tragedia del héroe y el miedo a vivir esa desgracia en sus carnes. Se compone del *éleos* 'piedad' y el *phóbos* 'temor'.

Así, Aristóteles lo expresa: "δι* ἐλέου καί φόβου περαίνουσα τήντῶν τοιούτων παθημάτων κάθαρσιν ('que mediante compasión y temor lleva a cabo la purgación de tales afecciones')"[233].

lógon didonai: Reconocimiento por parte del héroe trágico de su propia desgracia en primer término, sin haber reflexionado sobre ella aún sino más en un sentido de *planctus* latino.

Tómese de ejemplo este pasaje de *Las traquinias* de Sófocles, en que la esposa de Heracles, la reina Deyanira, se lamenta y es consciente de que su vida es una desgracia al lado de su marido, por buen hombre que este sea, pues nunca está en casa y, además, por una tablilla con un mal presagio que le entregó antes de partir:

> DEYANIRA: — Hay un proverbio, hecho público en la más remota antigüedad, que dice que, antes de la muerte, no se puede llegar a conocer la vida de ninguna persona en ninguno de estos dos sentidos, si le va a resultar buena o si le va a resultar mala a uno. Pero yo, incluso antes de bajar al Hades, sé de sobra que la mía es desafortunada y dura […] desde que decidí casarme y concerté el matrimonio con Heracles, no hago más que revivir continuamente espanto tras espanto, consumiéndome por él. Pues la noche me infunde nuevos motivos de espanto y la misma noche me quita los viejos, intercambiando unos con otros[234].

miasma: Enfermedad o mancha en el recorrido de los herederos consanguíneos o de dinastía de una maldición que los dioses dirigen a un mortal tocado por el infortunio, normalmente como consecuencia de un *pecatus* o *hybris* heredado.

---

231. Arist., *Poét.*, XXII 9-13 (trad. de Valentín García Yebra, 1974, p. 166).

232. Téngase como ejemplo el mismo que en el término *tragedia* de este glosario.

233. Arist., *Poét.*, VI 27 (trad. de Valentín García Yebra, 1974, pp. 144-145).

234. Sóf., *Traq.*, (trad. de Vara, 2001, pp. 95-96).

Tómese de ejemplo este pasaje del *Agamenón* de Esquilo, en que el Coro de ancianos argivos[235] habla de la propagación del castigo como consecuencia de una acción corrupta inicial que deriva en un infortunio mayor o, según el coro, del mismo grado:

> CORO: — Un viejo dicho legendario hay entre los hombres:
> que, cuando la prosperidad de un hombre alcanza gran cima,
> procrea y no perece estéril:
> de la buena fortuna, para su progenie,
> brota insaciable miseria.
> Mas a diferencia de los demás, tengo mi pensamiento propio,
> pues las obras impías
> engendran otras mayores,
> semejantes a su propia raza"[236].

nomen est omen: Expresión relativa a la concepción del vaticinio y los augurios, el nombre era un factor determinante en el destino del hombre de la Antigüedad.

Tómese de ejemplo este pasaje del *Agamenón* de Esquilo, en que parece evidente el desarrollo de la guerra de Troya, fruto de Helena, como hecho fatal y a partir del tema del nombre:

> CORO: —¿Quién le puso nombre un tan día tan acertadamente
> —no sería alguien a quien no vemos
> que, con la presencia de lo predestinado,
> rigió su lengua oportunamente—
> a la del novio por lanza, a la disputada
> Helena? Pues como cuadra a su nombre,
> como destructora de naves, de hombres, de ciudades, desde los cortinajes
> de fino tejido zarpó
> con las brisas de un descomunal Céfiro,
> y muchísimos cazadores aspidéforos[237],
> tras el rastro invisible de los remos,
> enfilaron proa a las frondosas orillas del Simunte[238]
> por una cruenta Discordia[239].

---

235. Procedentes de Argos, una ciudad griega situada en el Peloponeso.

236. Esq., *Agam.*, vv. 750-760 (trad. de De Miguel Jover, 1998, p. 200).

237. Cazadores, por lo tanto, de las denominadas víboras áspid europea.

238. Río de Troya.

239. Esq., *Agam.*, vv. 681-697 (trad. de De Miguel Jover, 1998, p. 198).

páthos: Entiéndase como 'pasión' o 'sufrimiento'. En escultura del periodo helenístico, corresponde a la exacerbación de los sentimientos que se refleja en los rostros de mármol; por ejemplo en el *Laocoonte y sus hijos* de Agesandro, Polidoro y Atenodoro de Rodas.

Tómese de ejemplo este pasaje de la *Antígona* de Sófocles, en que veríamos en escena el afectado sufrimiento de Creonte tras descubrir que no ha actuado correctamente, sino que ha provocado la muerte de su hijo Hemón y de su esposa Eurídice.

> CREONTE: —¡Ay, yerros de mis mentes demenciales,
> intransigentes, mortales!
> ¡Oh vosotros que contempláis a los asesinos y
> a las víctimas entre sí emparentados!
> ¡Ay de mí, qué cosa más desdichada las decisiones que tomé!
> ¡Ay, muchacho, moriste, te quitaste de en medio
> prematuro con prematura muerte,
> ay, ay, ay, ay,
> por intransigencias mías y no tuyas!
> [...]
> ¡Ay, ay, puerto de Hades, imposible de drenar!
> ¿Por qué, por qué me echas a perder?
> Tú que me has traído una información calamitosa y dolorosa,
> ¡qué triste es la noticia que me das!
> ¡Ay, ay, a un hombre que estaba acabado acabaste de rematar!
> ¡Qué grave es el hecho del que das cumplida prueba, muchacho!
> ¡Qué otra grave novedad me evidencias,
> ay, ay, ay, ay:
> que yace muerta a cuchillo, víctima de su perdición, mi esposa![240].

peripeteia[241]: Refiérese al punto de inflexión en que la suerte del héroe protagonista decae, en que comienzan a acontecerle una serie de desgracias que le dirigirán a un final inevitablemente trágico; la *katastrophé*. Esta palabra ha derivado la castellana *peripecia*. Aristóteles expresa que la *peripeteia* magna sería *Edipo Rey*. Se entiende etimológicamente que es 'lo que está alrededor de la caída final', lo que provoca dicha caída.

Recuérdese la definición de *peripeteia* de Aristóteles:

---

240. Sóf., *Ant.*, (trad. de Vara, 2001, pp. 191-192).

241. Cf. Corominas, 1987, p. 452.

Peripecia es el cambio de la acción en sentido contrario, según se ha indicado. Y esto, como decimos, verosímil o necesariamente; así, en el *Edipo,* el que ha llegado con intención de alegrar a Edipo y librarle del temor relativo a su madre, al descubrir quién era, hizo lo contrario; y en el *Linceo,* este es conducido a la muerte, y le acompaña Dánao para matarlo; pero de los acontecimientos resulta que muere Dánao y aquél se salva[242].

pistis: En relación a la diosa Pistis, pero aplicado a los conceptos platónicos se traduce por 'persuasión', a partir de que el filósofo Platón en su obra *Gorgias* critique a los oradores políticos. Este término contrapuesto a *gnosis*, no tiene pues el significado de 'fe'. Aunque es la dialéctica sobre la contraposición entre el conocimiento y la creencia, la que da lugar a hablar de la persuasión como técnica retórica:

GORGIAS: — Yo me refiero, Sócrates, a la persuasión que se produce en los tribunales y en otras asambleas, según decía hace un momento, sobre lo que es justo e injusto.
SÓCRATES: — Ya suponía yo que era esta y sobre esto la persuasión de que tú querías hablar, Gorgias [...] Continuemos; vamos a examinar lo siguiente: ¿Existe algo a lo que tú llames saber?
GOR.: — Sí.
SÓC.: — ¿Y algo a lo que llames creer?
GOR.: — También.
SÓC.: — ¿Te parece que saber y creer son lo mismo o que son algo distinto el conocimiento y la creencia?
GOR.: — Creo que son algo distinto, Sócrates.
SÓC.: — Así es; lo comprobarás por lo siguiente. Si te preguntaran: «¿Hay una creencia falsa y otra verdadera, Gorgias? contestarías afirmativamente, creo yo.
GOR.: — Sí.
SÓC.: — Pero ¿existe una ciencia falsa y otra verdadera?
GOR.: — En modo alguno.
SÓC.: — Luego es evidente que no son lo mismo.
GOR.: — Es cierto.
SÓC.: — Sin embargo, los que han adquirido un conocimiento y los que tienen una creencia están igualmente persuadidos.
GOR.: — Así es.
SÓC.: — Si te parece, establezcamos, pues, dos clases de persuasión: una que produce la creencia sin el saber; otra que origina la ciencia.
GOR.: — De acuerdo
[...]
SÓC.: — Luego la retórica, según parece, es artífice de la persuasión que da lugar a la creencia, pero no a la enseñanza sobre lo justo y lo injusto.
GOR.: — Sí.

---

242. Arist., *Poét.,* XXI, vv. 22-29 (trad. de Valentín García Yebra, 1974, pp. 163-164).

SÓC.: — Luego tampoco el orador es instructor de los tribunales y de las demás asambleas sobre lo justo y lo injusto, sino que únicamente les persuade. En efecto, no podría instruir en poco tiempo a tanta multitud sobre cuestiones de tan gran importancia[243].

tragedia: Del griego *tragōidía*, palabra compuesta formada por *trágos* 'cabrón' y *ōidḗ* 'canto', vendría literalmente a significar 'el canto del macho cabrío', en relación con el género dramático cuyo origen parece ser los misterios dionisíacos y el drama satírico. La tragedia griega constaba de cinco partes: prólogo, párodo, episodio, estásimo y éxodo. Aunque actualmente el uso del término *trágico* escapa a su origen teatral y casi como un *verba ómnibus*, se utiliza más ampliamente.

Recuérdese la definición de tragedia como *mímesis* según Aristóteles: "Es, pues, la tragedia imitación de una acción esforzada y completa, de cierta amplitud, en lenguaje sazonado, separada cada una de las especies [de aderezos] en las distintas partes, actuando los personajes y no mediante relato, y que mediante compasión y temor lleva a cabo la purgación de tales afecciones"[244].

Antología de textos relacionados

Hemos creído oportuno poner a disposición del lector un pequeño punto de textos que no se han citado anteriormente pero que, por un lado, reflejan aspectos de la tragedia y, por otro, del pensamiento de Miguel de Unamuno.

Se ha expuesto una teoría de la contradicción de los deseos humanos y la razón lógica, que parece remitir a una idea sofística. Podemos observar en el siguiente pasaje de *Medea*, de forma más literal, ese aspecto psicológico:

> MEDEA: [...] Yo comprendo qué crimen tan grande voy a osar,
> pero en mis decisiones impera la pasión,
> que es la mayor culpable de los males humanos[245].

En varias obras de Eurípides, el Corifeo acaba con una sentencia semejante a la siguiente, que declara el poder de los dioses sobre el destino humano, así como el desconocimiento del hombre de las causas por las que los dioses gobiernan el mundo.

---

243. Plat., *Gorg.*, 454b-455a (trad. de J. Calonge Ruiz, 1987, pp. 35-36).

244. Arist., *Poét.*, VI, v. 27 (trad. de Valentín García Yebra, 1974, pp. 144-145).

245. Eur., *Med.*, vv. 1042-1055. (trad. de Fernández-Galiano, 1991, p. 114).

Dicho desconocimiento se podría equiparar al de Joaquín sobre su propio destino, o incluso al de Apolodoro sobre la naturaleza de su papel trágico:

> CORIFEO: Muchas cosas el Zeus del Olimpo gobierna;
> lo que cumplan los dioses prever no se puede.
> Lo esperado no dejan que llegue a su fin,
> consiguen que se haga real lo imposible.
> Así en esta historia ocurrió[246].

Sobre el concepto de la envidia presente en *Abel Sánchez*, surge a la mente un curioso pasaje de Esquilo, visiblemente comparable con el capítulo del discurso de Joaquín sobre el éxito de Abel:

> AGAMENÓN: [...] Pocos son los mortales que, por natural inclinación, rinden, sin asomo de envidia, su homenaje al amigo en la buena fortuna. La ponzoñosa envidia, cuando se ha asentado en el corazón, duplica la dolencia contraída; y entonces, siente el peso de su propia desgracia y gime ante el espectáculo de la ventura ajena[247].

Teniendo en consideración el afán crítico de Unamuno, el pasaje anterior, en boca de Agamenón, podría recordarnos a otro pasaje del tratado *De la ira* de Séneca:

> A nadie satisface lo suyo si lo compara con lo ajeno, de ahí que nos enfurezcamos incluso contra los dioses porque alguien nos supera, mientras olvidamos cuántos hombres están por detrás de nosotros y cuán enorme es la envidia que arrastra el que mira con malos ojos a unos cuantos[248].

Finalmente, podríamos hablar de cierto parecido entre Joaquín y Áyax[249], dado que ambos personajes comparan sus suertes con las de, respectivamente, Abel y Ulises. Ulises consigue las armas que Áyax cree merecer por su valentía; el esplendor de Abel brilla por encima de la labor médica de Joaquín. Ambos personajes terminan en la locura y se entromete narrativamente a los dioses en el asunto, en cuanto que Áyax enloquece por Atenea[250] y la maldad de Joaquín se expone como fruto de la voluntad de Dios.

---

246. Eur., *Med.*, vv. 1415-1419. (trad. de Fernández-Galiano, 1991, p. 126).

247. Esq. *Orest.* vv. 833-837 (trad. de Alsina & Bosch, 1979, p. 155).

248. Sén. *De la ira*. III. 31.1 (trad. de López López, 2000, p. 156).

249. Cf. Sóf. *Áyax*. (trad. de Vara, 2001).

250. Sén. *De la ira*. II. 36.5 (trad. de López López, 2000, p. 137).

Miguel de Unamuno leyendo tumbado en su dormitorio. Fotografía de Cándido Ansede.

Miguel de Unamuno en su despacho del rectorado de la Universidad de Salamanca. Fotografía de Cándido Ansede.

Bibliografía

AHUFINGER, Lydia. "El fatalismo trágico en *Amor y Pedagogía* (1902) y *Abel Sánchez* (1917), de Miguel de Unamuno". *Tropelías: Revista De Teoría De La Literatura Y Literatura Comparada*. Núm. 41, 2024, pp. 1-13.

ÁLVAREZ Castro, Luis. "Nivola y metaficción en la narrativa española de vanguardia". *Ínsula*. Núm. 807. marzo 2014.

ALVAR Carlos, MAINER José-Carlos & NAVARRO Rosa. *Breve historia de la literatura española*. Alianza Editorial. Madrid. 2014.

ARISTÓTELES. *Poética de Aristóteles*. Trad. de García Yebra, Valentín. Editorial Gredos. Madrid. 1974.

BAREA, Arturo. *Unamuno*. Yale University Press. New Haven. 1952.

BURKERT, Walter. *El origen salvaje. Ritos de sacrificio y mito entre los griegos*. Trad. de Bredlow, Luis A. El Acantilado. Barcelona. 2011.

CEREZO Galán, Pedro. *Las máscaras de la tragedia. Filosofía y tragedia en Miguel de Unamuno*. Editorial Trotta. Madrid. 1996.

CLÚA, Josep A. *El rostre de la Medusa. Manual de mitologia grega en els seus textos literaris*. Universitat de Lleida. 2010.

COROMINAS, Joan. *Breve diccionario etimológico de la lengua castellana*. Editorial Gredos. Madrid. 1987.

DÍEZ-HOCHLEITNER, Ricardo. *El desarrollo estético de la novela de Unamuno*. Playor S.A. Madrid. 1976.

ESQUILO. *La Orestía = Ορέστεια*. Ed. de Alsina Clota, J. Bosch, Casa Editorial S.A. 1979.

ESQUILO. *Persas. Siete contra Tebas. Suplicantes. Prometeo encadenado*. Ed. de Clúa Serena, J.A. & Montañés Gómez, R.J. Editorial Akal. Madrid. 2013.

ESQUILO. *La Orestea*. Ed. de De Miguel Jover. José L. Editorial Akal. Madrid. 1998.

EURÍPIDES. *Tragedias áticas y tebanas*. Trad. de Fernández-Galiano, M. Editorial Planeta. 1991.

GARCÍA GUAL, Carlos. *Prometeo: Mito y Literatura*. FCE. Madrid. 2009.

GONZÁLEZ García, Ernesto. "Unamuno y Freud, dos antropologías y un mismo método". *Cuadernos*. Vol. 29. Universidad de Salamanca. pp.69-90. 1994.

GRANJEL, Luis S. *Retrato de Unamuno*. Ediciones Guadarrama. Madrid. 1957.

GULLÓN, Ricardo. *Autobiografías de Unamuno*. Editorial Gredos. Madrid. 1964.

HERNÁNDEZ Miñano, Juan de Dios. "Los fundamentos literarios, imaginativos y culturales de un emblema de Sebastián de Covarrubias". *Norba-Arte*. Núm. 18-19. pp. 67-82. 1998-1999. Recuperado el 13 mayo 2024, de https://dialnet.unirioja.es/servlet/articulo?codigo=107560

HERÁCLITO. *Fragmentos*. Trad. de Farré, Luis. Ediciones Aguilar. Buenos Aires. 1973.

HOMERO. *Odisea*. Trad. de Calvo Martínez, José L. Editora Nacional. Madrid.1983.

HORACIO. *Arte Poética*. Trad. de Gil, Juan. Clásicos Dykinson. Madrid. 2010.

HORACIO. *Odas. Canto Secular. Epodos*. Trad. José Luis Moralejo. Editorial Gredos. Madrid. 2007.

LESKY, Albin. *La tragedia griega*. Trad. de Godó, Juan. El Acantilado, 45. 1964.

MARÍ, Antoni. *Euforión: espíritu y naturaleza del genio*. Trad. de Losilla, C. Editorial Tecnos. 1989.

MARÍAS, Julián. *Miguel de Unamuno*. Emece Editores. Buenos Aires. 1953.

MAROCO Dos Santos, Emanuel. "Unamuno y su concepción trágica de la existencia". *ALPHA: Revista de Artes, Letras y Filosofía*. Núm. 47. pp. 177-190. 2018.

MCGAHA, Michael D. "*Abel Sánchez* y la envidia de Unamuno". *Cátedra Miguel de Unamuno. Cuadernos*. Vol. 21. Universidad de Salamanca. pp. 91-102. 1971.

MORENO Soldevila, Rosario. *Diccionario de motivos amatorios en la literatura latina (siglos III a.C.-II d.C)*. Universidad de Huelva. 2011.

NICHOLAS, Robert L. *Unamuno, narrador*. Editorial Castalia. Madrid. 1987.

NOZICK, Martin. *Miguel de Unamuno*. Twayne Publishers. Nueva York. 1971.

ORRINGER, Nelson R. "La tragedia griega en las obras de Unamuno". University of Connecticut, Storrs (USA). In DELBECQUE, N. & PAEPE, C. de. *Estudios en honor del profesor Josse De Kock*. Leuven University Press. Bélgica. pp. 705-715. 1998.

PLATÓN. *Diálogos I; Apología, Critón, Eutifrón, Ion, Lisis, Cármides, Hipias Menor, Hipias Mayor, Laques, Protágoras*. Trad. de Calonge Ruiz, J., Lledó Ínigo, E. & García Gual, C. Editorial Gredos. Madrid. 1985.

PLATÓN. *Diálogos II; Gorgias, Menéxeno, Eutidemo, Menón, Crátilo*. Trad. de Calonge Ruiz, J., Acosta Méndez, E., Olivieri, F.J. & Calvo, J.L. Editorial Gredos. Madrid. 1987.

PLAUTO. *Comedias*. Vol. II. Trad. de González-Haba, Mercedes. Editorial Gredos. Madrid. 2000.

QUEVEDO, Francisco de. *Sonetos*. Biblioteca Virtual Miguel de Cervantes. Recuperado el 15 mayo 2023, de https://www.cervantesvirtual.com/obra-visor/sonetos-de-quevedo--0/html/ffd3e310-82b1-11df-acc7-002185ce6064_2.html#I_0_

SÉNECA. *Cartas a Lucilio*. Trad. de López Soto, Vicente. Editorial Juventud. Barcelona. 1982.

SÉNECA. *Diálogos. La filosofía como terapia y camino de perfección*. Trad. de López López, Matías. Ediciones de la Universidad de Lleida. 2000.

SÓFOCLES. *Áyax, Antígona, Edipo Rey*. Ed. de Miralles Solá, C., Biblioteca Básica Salvat. Salvat Editores, S. A. Navarra. 1969.

SÓFOCLES. *Tragedias completas*. Trad. de Vara, José. Cátedra. 2001.

STALLAERT, C. "Unamuno y la antropología española de su tiempo: una breve exploración de la tangente". HITV. Amberes, Bélgica. DELBECQUE, N. & PAEPE, C. de. *Estudios en honor del profesor Josse De Kock*. Leuven University Press. Bélgica. pp. 759-767. 1998.

UNAMUNO, Miguel de. *Abel Sánchez; una historia de pasión*. Colección Austral. Espasa Calpe S.A. Madrid. 1979a.

UNAMUNO, Miguel de. *Amor y pedagogía*. Ed. de Caballé, Anna. Austral narrativa. Espasa Calpe S.A. Madrid. 2007.

UNAMUNO, Miguel de. *Amor y pedagogía*. Ed. de Caballé, Anna. Colección Austral. Espasa Calpe S.A. Madrid. 1996.

UNAMUNO, Miguel de. *Cómo se hace una novela*. Ediciones Guadarrama. Ed. de R. Olson, Paul. Madrid. 1977.

UNAMUNO, Miguel de. *Del sentimiento trágico de la vida*. Editorial Alianza. 2001a.

UNAMUNO, Miguel de. *La tía Tula*. Prólogo de Manuel Hidalgo. Biblioteca El Mundo. Biblioteca S.L. 2001b.

UNAMUNO, Miguel de. *Niebla*. Edición Orbis S.A. y Editorial Origen S.A. Barcelona. 1982.

UNAMUNO, Miguel de. "¡*PISTIS* y no *GNOSIS*!". *Revista Política Ibero-Americana*. Núm. 2. Madrid. 30 enero 1897. Recuperado el 27 junio 2023: https://gredos.usal.es/handle/10366/84020

UNAMUNO, Miguel de. *San Manuel Bueno, mártir*. Ed. de Valdés, Mario. Ediciones Cátedra S.A. Madrid.1979b.

Universidad de Almería. Área de filología griega. Recuperado el 14 marzo 2023: https://w3.ual.es/personal/fjgarcia/Lit_3_1_e.htm

VILLAR Escurra, Alicia. "Muerte y pervivencia en Unamuno". *Contrastes*. Revista Internacional de Filosofía. Vol. XII. Universidad Pontificia Comillas. pp. 240-250. 2007.

VIRGILIO. *Eneida*. Trad. de Echave-Sustaeta, Javier de. Editorial Gredos. Madrid. 1992.

VIRGILIO. *Géorgicas*. Trad. de Ascensión Recio García, Tomás de la & Soler Puig, Arturo. Editorial Gredos. Madrid. 1990.

Col·lecció Polyeideia: títols publicats

1. *Les Vespes. Aristòfanes*, Josep A. Clua i Serena (trad.)
2. *Parresia. Converses literàries amb Jaume Pont*, J. A. Clua, E. Falguera i J. R. Veny (eds.)
3. *Gramàtica del grec modern*, Víctor Valls Jové
4. *Elpis. Quin món ens espera? Actes de les XVI Jornades de Filosofia*, Josep Antoni Clua (ed.)
5. *La música en la tragèdia grega. Definició i context d'ús dels papirs musicals tràgics*, M. Isabel Panosa Domingo
6. *Arnau de Vilanova a Lleida. La Confessio Ilerdensis: estudi, edició i traducció*, Jaume Mensa i Valls
7. *El fatalismo trágico en* Abel Sánchez *y* Amor y Pedagogía *de Miguel de Unamuno*, Lydia Ahufinger Vicente